개정판

# 평생학습사회와
# 교육리더십

염철현 지음

'영원한 유산을 창조하는 교육자'에게 이 책을 바칩니다.

2004년 《교사의 리더십》이 출판되고 17년이란 세월이 흘렀다. 21세기가 시작되고 얼마 되지 않아 출간했는데 이렇게 오랜 시간이 지나가버린 줄 몰랐다. 이 책에서는 우리나라 교육현장에서 묵묵히 학습자들을 가르치는 교육자들에게 힘을 실어주고 그들이 어떻게 리더십을 발휘하여 교육기관과 교실을 변화시킬 것인가에 대한 구체적인 방법과 지혜를 담았다. 예전이나 지금이나 교육기관은 교육자와 학습자가 인격적, 교육적으로 상호작용하면서 그들의 인성을 다듬고 실력을 길러 당당한 사회인으로 키우는 것이다. 필자는 교육기관의 역할, 교육자의 사명을 어떻게 하면 성공적으로 구현할 것인가를 고민하면서 초판을 출간했다.

개정판을 준비하면서 느낀 점이 있다. 초판을 다시 읽어나가면서 내 얼굴은 홍당무가 되었다. 쥐구멍을 찾고 싶은 심정이었다. 의욕은 앞섰지만 도처에 오타, 비문이 등장하고 논리도 앞뒤가 맞지 않았다. 당시 필자는 대학에 부임한 지 채 1년도 되지 않은 시점이라 무모할 정도로 겁이 없었다. 교육자는 단순히 지식전달자가 아니라 교육계의 리더로서 학습자와 교실과 학교를 변화시킬 주체임을 강조하고 싶은 마음이 앞섰다.

이번 개정판에서는 아예 책 이름을 《평생학습사회와 교육리더십》으로 바꿨다. 《교사의 리더십》은 리더십의 주체가 교사로 한정되는 느낌을 들게 한다는 지적을 받았다. 개정판에서는 리더십의 주체를 광의적으로 설정하고 학교 안팎에서 이루어지는 모든 유형의 교육과 학습을 포괄하는 평생학습사회라는 대명제를 독립변인으로 삼았다. 교육계의 모든 교육자들이 고민하는 문제, 즉 어떤 리더십을 어떻게 발휘할 것인가에 대한 교육 리더십을 종속변인으로 삼았다.

개정판을 내려고 마음먹었을 때만 해도 초판을 이렇게 많이 수정, 보완할 줄 몰랐다. 대개 문헌의 개정판을 보면 관련 법령의 업데이트, 사진의 교체, 목차의 수정 또는 추가, 삭제 등에 그치고 대대적인 개정이 이루어진 경우는 드물다. '제 눈의 들보는 보지 못한다'는 말은 이 책을 두고 한 말이다. 참고문헌도 업데이트하였고 그 과정에서 논리를 보다 구체적으로 기술할 수 있어 다행이라고 생각한다. 교육환경의 변화를 재정의 내리고 변화를 체감할 수 있도록 구체적인 수치를 추가하였다. 문장 속에 웬 접속사는 그리도 많은지 이제야 눈에 밟혔다. 접속사가 많다보니 마치 자동차가 도로 위의 요철을 지날 때 감속하는 것처럼 가독성이 떨어지고 글이 자연스럽지 못하고 딱딱하게 느껴졌다. 웬만한 접속사는 빼고 독자의 판단에 맡겼다.

개정판을 통해 필자가 교육자들에게 전달하고 싶은 메시지를 좀 더 체계적이고 논리적으로 다듬을 수 있어 다행으로 생각한다.

초판에서 미래 사회의 변화를 예측한 현인으로 존 나이스비트, 앨빈 토플러, 피터 드러커 세 분을 등장시켰다. 이 현인들 중 토플러와 드러커는 이제 고인이 되셨다. 필자는 개정판에서도 미래 사회의 예측에 세 분을 주인공으로 계속 등장시키기로 했다. 이들의 예측과 전망은 독자들의 이목을 집중할 정도로 정교하고 정확도가 높다고 보기 때문이다. 오늘날 컴퓨터기술의 발달로 빅데이터 분석이 중요한 역할을 담당하고 있지만, 이 세 분의 현인들도 수치, 통계, 사례, 경우의 수 등을 집약하여 미래사회의 변화상을 거의 정확하게 예측해냈다. 미래학의 클래식이다.

개정판 출간에 동의하고 격려해주신 박영스토리의 노현 대표 이사님과 전채린 과장님을 비롯한 관계자 여러분께 감사를 드린다. 이 책이 교육자들이 학교와 교실과 아이들의 관리자 역할에서 벗어나 당당한 교육 리더로서 학교를 변화시키고 아이들의 가능성과 잠재성을 최대로 키워내는 데 필요한 영감을 얻고 성공적인 교육 리더십을 발휘하는 데 도움이 되길 바란다. 이 책은 영원한 유산의 창조자로서 교육자에게 바치는 글이다.

2021년 4월
화정관 연구실에서
염철현 드림

　　우리는 과학과 정보통신기술의 혁신 덕분에 손바닥보다 작은 모빌 폰으로 세계와 통신을 하고 비즈니스를 할 수 있다. 미디어는 지구촌 구석구석의 소식을 실시간으로 전달함은 물론 심지어 전쟁까지도 생중계한다. 이처럼 통신과 과학의 발달은 개인이나 국가를 하나의 네트워크로 묶고 글로벌화를 가속화시키고 있다.

　　글로벌 시대는 우리 사회 전체에 대대적인 변화를 요구하고 있으며 교육계도 예외가 되지 못한다. 우리 교육계는 급격한 변화의 파고에 대한 대응과 교육경쟁력의 확보 등 긴급하고 중요한 문제에 직면하고 있다. 공교육의 부실과 불신에서 비롯된 사교육의 극성, 학생입학자원의 고갈, 교육이민으로 불리는 외국학교로의 진학률 증가 등은 우리 교육의 현주소를 그대로 말해준다. 뿐만 아니라 고등학교나 대학을 졸업하고도 취업을 하지 못하는 소위 청년실업이 심각한 사회적 문제로 등장하였으며, 경제활동 인구에 있어서도 40대가 30대를 앞서고 60대가 50대를 앞서는 세대 간 역전현상이 나타나는 초유의 사태가 발생하였다.

　　교육의 경쟁력은 곧 개인이나 국가 발전에 핵심 동력이다. 특히 우리나라의 경우처럼 부존자원이 부족하여 자원의 대부분을 외부에서 조달해야 하는 형편에서는 교육에 거는 기대 또한 유달리 크다. 교육에 대한 기대는 광복 이후 70, 80년대의 괄목할 만한 경제성장에 기여함으로써 상당 부분 충족을 시켰다. 학교는 노동집약적인 경제 발전에 적합한 우수한 인력들을 대량 배출하여 국가의 발전에 일익을 담당하였다.

이제 교육환경과 패러다임이 바뀌었다. 형식적인 학교 중심에서 비형식교육과 무형식교육까지를 포함하는 평생교육체제로 교수자 중심에서 학습자 중심으로 아동과 청년 중심에서 요람에서 무덤까지를 포괄하는 전 생애 중심으로 변화되었다. 가방끈의 길고 짧은 것을 나타내는 결과 중심의 학력(學歷)사회에서 그 가방 안에 무엇을 담고 있는가를 나타내는 능력 중심의 학력(學力)사회로 옮아왔다.

이제는 교육자조차도 끊임없이 배우지 않으면 안 된다. 평생학습사회는 한 개인이 일생 동안 배운 모든 것의 총화를 하나의 능력으로 평가하는 시스템이다. 피터 드러커는 지식사회에서 사용할 지식의 정의를 재정의하였다. 그는 '가난한' 국가는 사라지고 '무지한' 국가만이 존재할 뿐이라고 하면서 지식을 강조하였다. 끊임없는 지적 호흡을 통해 배우지 않으면 영원히 낙오된다. 평생교육사회에서 교육자의 기본적인 권위는 지식을 근간으로 하여 나와야 한다. 본문 내용 가운데에는 배움을 설거지감으로 비유한 구절이 나온다. 이 세상에 식사를 하고 난 후에 부산물로 생기는 설거지 하는 것을 좋아하는 사람은 없을 것이다. 그러나 하지 않으면 여러 가지로 문제가 생긴다. 그렇듯이 배움은 하기 싫어도 해야 하는 당위적인 명제가 되었다.

필자는 우리 교육이 직면한 여러 문제들을 어떻게 풀어가야 할지에 대해 고민해 왔다. 그것에 대한 한 가지 해답은 교육을 담당하는 교육자들이 효과적인 리더십을 갖추는 것이라고 보았다. 작금의 교육위기는 이 교육위기 불감증에서 시작하여 교육계 리더들의 리더십 부재 때문에 더 증폭되지 않았나 싶다. 리더십은 어느 특정인만이 가질 수 있는 특권이 아니며, 교육자 모두가 가져야 할 소중한 교육적 자산이며 문제해결을 위한 훌륭한 도구이다.

필자는 다년간 (교육)대학원에서 현직교사들을 상대로 리더십과 관련된 강의를 해왔다. 수강생들 가운데에는 현직 교장과 교감도 있고, 대부분이 수년 안에 교감이나 교장으로 승진을 앞둔 교육계의 예비 리더들이었다. 필자는 초·중등교육에 대한 현장경험이 없음에도 불구하고, 그들로부터 생생한 현장사례를 듣는 행운을 얻었다. 그들의 경험 – 아니 그들의 리더십 행위라고 하는 것이 더 정확하다 – 을 경청하다 보면 우리의 교육현실이 암담할 때도 있었고, 또 밝은 모습이 기대되기도 하였다. 그들과 강의실 안팎에서 교육적으로 상호작용하는 과정을 통해 절실히 느낀 점은 바로 교육자들의 리더십 함양의 문제였다. 필자의 눈에는 학교의 리더가 발휘하는 리더십에 따라 학급, 교무실, 학교, 더 나아가서는 우리 사회가 제각각 다른 모습으로 비춰졌다.

이제 그동안 필자가 리더십과 관련된 강의를 통해, 그리고 리더십에 관한 독서를 통해 신념체계로 굳혀진 필자의 생각을 정리한 단행본을 출간하게 되어 기쁘게 생각한다. 그러나 이 책의 상당 부분을 리더십 연구에 관한 권위자의 가르침을 따랐을 뿐 아직 필자 자신의 독창적인 리더십론을 정립하지 못한 채 세상에 내놓게 되어 부끄럽다. 그러나 하루라도 빨리 교사의 리더십과 관련된 단행본을 발간해야겠다는 소명의식이 필자의 부끄러움을 가렸다. 필자와 함께 공부하면서 교육문제를 고민해 온 현직교사이면서 대학원생이었던 필자의 연상(?)의 제자들과 학부에서 지도자론을 수강한 수강생들과 그 보람을 나누고 싶다.

　이 책은 총 6장으로 구성되어 있다. 제1장에서는 '왜, 리더십인가?'라는 듣기에 따라서는 사뭇 도전적인 제목으로 현대사회의 변화상과 리더십과의 관계를 피력하였다. 또한 리더십의 개념과 이론적 배경에 대해 설명하고, 리더십의 선천성에 대한 학자들 간의 논란에 대해 언급하고, 사람들이 혼란을 겪으면서 혼용하고 있는 카리스마와 리더십과의 관계, 리더와 관리자의 차이점에 대해 명확히 하였다. 제2장에서는 리더십을 제대로 이해하기 위해 필요한 용어이면서 역시 광범하게 혼용하고 있는 권위, 권력, 영향력에 대한 개념을 정리하였으며, 제3장에서는 그렇다면 '미래사회는 어떻게 전개되고, 교육은 어떻게 변화할 것인가?'라는 것을 화두로 우리 시대의 대표적인 미래학자들의 주장을 교육의 영역과 접목하여 설명하였다. 평생학습사회와 리더십을 다룬 제4장에서는 평생학습사회에서 리더들은 변화된 교육체계와 방식에서 어떻게 대응해야 하며, 리더십은 어떻게 관계되는지에 대해 언급하였다. 제5장에서는 필자의 주장을 전개하기 위한 이론적 틀로 블레인 리의 3가지 리더십의 유형을 인용하여 교육현장의 예를 들고, 리더십의 선택의 문제에 대해 기술하였다. 이 책의 클라이막스에 해당하는 제6장의 교사의 리더십 : 영원한 유산의 창조자로서 교사에서는 필자가 생각해 온 교사의 리더십상을 열거하여 설명하였으며, 부록에서는 리더들이 자신의 지도력 지수를 점수화하고, 리더십을 평가할 수 있게 하였다.

　필자는 항상 머릿속에 "Publish, or perish(학자들이여, 출판하지 못하거든 떠나라)"라는 경구를 새기고 있다. 그동안 전임이 된 뒤로 이 핑계 저 핑계로 이렇다 할 학문적 성과를 내놓지 못하였는데, 이 책의 발간이 새로운 출발을 위한 전기가 될 것이라 내 자신과 약속한다. 이 책의 시작은 정년 이후로도 부족한 제자에게 끊임없는 학문적 자극과 사랑을 베풀어주신 고려대학교의 김정환, 안기성, 정우현, 왕기항 명예교수님을 비롯한 여러 교수님과 필자가 소속한 한국디지털대학교 김중순 총장님과 동료 교수님들의 격려와 성원에서 비롯되었다. 졸저로서 은혜에 감사한 마음을 대신하고자 한다. 또한 가족의 헌신이 없다면 불가능한 일이다. 고마운 마음을 담는다. 꼼꼼하게 초고를 읽어주고 적절한 비평을 해준 최수영 변호사에게도 감사의 말을 전한다. 특히 흔쾌히 출판을 맡아주신 도서출판 문음사의 조복자 사장님을 비롯한 관계자의 노고에도 심심한 감사를 드린다. 이 책에 나타나는 미흡한 부분과 오류는 전적으로 필자의 탓임을 밝혀둔다. 독자 여러분의 각별한 관심과 가차 없는 지도편달을 기대한다.

2004년 9월
충정로 연구실에서
염철현

# 차례

Chapter 01

# 왜, 리더십인가?

어느 시대, 어느 사회든 지도자[1]인 리더를 필요로 한다. 리더는 수많은 사람들의 사고와 행동에 영향력을 행사하기 때문에 매우 중요한 존재이다. 인류 역사가 남긴 수레바퀴의 발자취는 어떤 리더를 만나느냐에 따라 그 양상을 달리했다. 역사의 수레바퀴를 앞으로 끌고 가는 리더들도 있었다. 그들은 창조적이고 지혜로운 리더들로서 인류는 그들의 지도력으로 눈부신 발전을 이룩할 수 있었다. 반면에 파괴적이고 부패한 리더들도 많았다. 그들은 인류 역사의 수레바퀴를 거꾸로 굴러가게 하였으며 파괴와 살육을 일삼았다.

현대사회는 다원화되고 복잡다단한 시스템으로 얽혀 있고 거미줄처럼 촘촘하게 연결된 글로벌 시대다. 도미노처럼 한 국가, 한 지역, 한 사회에서 발생한 상황이 곧바로 다른 커뮤니티에 직접적인 영향을 미치게 된다. 석유가 많이 나는 중동에서 전쟁이 나면 국제 원유 값은 치솟는다. 어떤 자극에 대한 즉각적인 반응이 일어난다. 글로벌 사회를 설명하는 이론으로 나비효과[2]가 있다. 나비의 날갯짓과 같은 작은 변화가 증폭되어 커다란 폭풍우가 되는 것처럼, 정보통신의 발달로 한 지역의 사건이 실시간 단위로 전 세계에 확산된다. 과잉연결시대다.

인터넷과 컴퓨터 그리고 소셜네트워크서비스 등 정보통신의

---

1 문맥에 따라 리더는 지도자 또는 상급자 또는 상사로, 리더십은 지도력으로 표기하였다.
2 미국의 기상학자 에드워드 로렌츠(Edward Lorentz)가 "브라질에 있는 나비의 날갯짓이 미국 텍사스 주에서 발생한 토네이도의 원인이 될 수 있는가?"라는 논문을 발표하면서 나온 이론으로, 초기 조건에 민감하게 의존하는 자연의 사소한 변화가 시스템 전체에 막대한 영향을 미칠 수 있음을 표현한 것이다. 예를 들어, 나비 한 마리가 북경에서 공기를 살랑거리는 미세한 힘이 다음날 뉴욕에서 폭풍을 일으킬 수 있다(네이버 지식백과).

발달은 전 지구를 과잉연결사회로 바꿔 놓았다. 지구인들은 지구촌의 모든 사람들과 교류할 수 있다. 국가 간, 지역 간, 개인 간에 상호 의존성이 커졌다. 지구 단위로 이동과 교류가 활발해지면서 세계는 상호 의존성이 커진 개방사회로 변모하게 되었다. 우리 사회를 구성하는 각 분야에서 문호가 개방되고 이동이 잦아지고 교류가 활발할수록 상호 의존도가 높아진다. 몇 사람의 천재들이 사회를 바꾸는 것이 아니다. 개방사회는 전문성, 독립성, 다양성, 통합성을 인정하고 존중하는 사회이다. 개방사회는 권위주의 사회와는 구조, 제도, 문화에서 많은 차이를 보인다. 권위주의 사회에서는 일부 사람에게 정보가 제공되었고 그들만이 교육과 훈련을 받는 특권을 누렸으며 중앙집권식의 내부지향적 문화를 가진다. 개방 사회에서는 탈권위적이고 원하는 사람에게 교육과 훈련의 기회가 제공되고 하위자에게 권한을 위임하는 외부지향적인 문화를 가진다.[3]

2019년 12월부터 세계적인 유행병이 된 신종 코로나 바이러스 감염병(코로나19)은 사람들의 의식과 생활에 많은 변화를 초래했다. 학자들은 포스트 코로나 시대의 새로운 질서 또는 새로운 기준에 대한 전망을 내놓고 있다. 많은 석학들이 진행형인 코로나19가 인류에게 끼칠 영향과 교훈에 대해 말하고 있다. 문명사학자 재러드 다이아몬드는 인류의 대응 방향을 제시하고 있다. 석학의 통찰력이 묻어난다.

"모든 국가와 지역이 연결된 초연결의 세계화 시대에는 과거

---

3 Kotter, J. P. (1996). *Leading change*. 한정곤 역(2004). 기업이 원하는 변화의 리더. 서울: 김영사. p. 243.

처럼 한 지역 문명의 붕괴에 그치지 않고 지구 전체 차원에서 문명 붕괴의 위협을 받게 된다. 코로나를 계기로 세계 각국은 한 나라가 자기 보호를 위해 문을 닫아걸더라도 효과가 없다는 사실을 깨닫게 될 것이다. 어느 나라가 자기 국경 안에서 코로나를 퇴치하더라도 다른 나라에 코로나가 잔존한다면 언젠가 다시 감염될 것이기 때문이다. 글로벌 문제에는 글로벌 대응이 필요하다는 사실을 인류가 배울 수 있기를 바란다."[4]

교육기관을 둘러싼 교육환경의 변화도 광범위하게 이루어지고 있다. 과거 교육은 주로 교육을 공급하는 교육당국, 교육기관 및 시설, 학교, 교육자[5] 중심으로 운영, 관리되었다. 오늘날 교육은 지역사회, 학부모, 학습자 등[6] 교육수요자 중심으로 이루어지고 있다. 교육이 공급자 중심에서 수요자 중심으로 바뀌면서 교육 체제와 방식에 큰 변화가 일어나고 있다.

공급자 중심의 교육에서 수요자 중심의 교육으로 바뀌면서 교육자의 사회적 책무성과 전문성을 강화해야 한다는 목소리가 높다. 교육자들도 환경 변화에 적합한 리더십을 발휘하여 성취를 보여주

---

4 금원섭, 이기문. (2020년 7월 10일). 코로나 시대, 모든 것이 잘못될 수 있다 … 건설적 편집증 가져야. *조선일보*, https://www.chosun.com/site/data/html_dir/2020/07/10/2020071000013.html에서 2021년 1월 8일 인출.

5 교육자는 형식 또는 비형식교육기관에서 학습자와 교육적인 상호작용을 담당하는 모든 사람들을 포함한다. 문맥에 따라 교사, 교원, 교육자, 선생(님) 등으로 표시하였다.

6 이 책에서는 문맥에 따라 학생과 학습자를 혼용하여 사용한다. 학생은 교육기관에 등록하고 배우는 사람이고, 학습자는 배워서 익히는 사람을 포괄적으로 이르는 말이다.

었을 때 학습자와 학부모 그리고 지역사회로부터 인정받을 수 있다. 교육자는 자신과 상호작용하는 사람들, 즉 학습자, 학부모, 지역사회, 교육청 등에서 요구하는 리더십을 갖추지 않으면 안 된다.

교육계에서 학교장, 교육당국의 책임자 등 관리자를 위한 양성 프로그램은 운영되고 있지만 리더를 위한 교육프로그램은 드물다. 분명히 리더와 관리자는 다르다. 교육 영역에서 관리는 넘치고 리더는 턱없이 부족한 형편이다. 교육자는 교육 리더다. 그들을 리더로 자리 매김하고 리더의 역할을 하도록 그들의 잠재력을 개발하고 지원해야 한다.

모든 교육자가 리더의 자질을 갖춘 것은 아닐 것이다. 간혹 자질과 태도, 그리고 능력 면에서 리더라는 말을 무색하게 만드는 사람도 있다. 교육자가 교육당국이 지시하는 대로 따르고 교육기관과 학교라는 울타리를 관리만 잘 하면 되는 시절도 있었다. 대과(大過) 없이 지내다 정년을 하면 그만이었다.

교육자가 교육기관을 둘러싼 외부환경의 변화를 단순히 관리하는 차원에서 대응한다면 시대에 뒤떨어진 낡은 사고에 머물러 있다고 할 것이다. 관리하는 것만으로 교육자의 책무를 다했다고 말하는 시대는 지났다. 관리자의 역할에 머물러 있는 교육자는 지적, 정의적, 인격적으로 상호작용하는 학습자들의 성장과 발전을 위한 촉진자로서 한계가 있다. 우리의 교육계에 변화를 관리하는 관리자보다는 변화를 주도하고 새로운 가치를 창출하는 리더가 절실히 요청되는 이유다. 교육을 살리고 아이들의 잠재력과 가능성을 구현하는 길은 교육자의 리더십에 달렸다. 정부, 교육당국, 학교 법인 등 집행부는 교육자가 교육 리더십을 성공적으로 발휘할 수 있도록 지원, 격려해야 한다.

오늘날 교육체제와 방식은 급변하는 사회경제적 변화를 제대로 수용하지 못하고 있다는 지적을 받고 있다. 19세기 교실에서 20세기 교육자가 21세기 학습자를 가르친다는 말을 한다. 결코 공염불이 아니다. 공교육에 대한 불신이 어느 정도라는 것을 대변할 뿐 아니라 교육의 위기감을 비유적으로 표현하고 있다. 지식기반사회와 고령사회의 도래로 학교 안의 교육만이 아니라 학교 밖 교육에 대한 기대치도 올라갔다. 교육의 스펙트럼은 학교 안팎의 형식, 비형식, 무형식 교육체제와 방식을 아우르는 평생학습사회로 이행했다.

교육자에게 필요한 리더십이란 무엇인가? 흔히 알고 있는 카리스마는 어떤 의미가 있고 리더십과의 관계는 어떻게 되는가? 리더와 관리자는 궁극적으로 어떤 차이가 있는가?에 대해서도 교통정리를 할 필요가 있다. 개념의 지도가 명확히 그려지면 행동으로 옮기는 것이 쉬워진다. 교육현장에서 교육자들은 리더십, 카리스마, 관리자에 대한 각각의 개념들이 서로 비슷하거나 동일한 것으로 생각하는 경향이 있지 않나 싶다. 대개 사람들은 리더십하면 카리스마를 생각하고, 리더와 관리자의 개념도 명확하게 분리된 개념으로 생각하기보단 상호 얽혀있거나 동일한 개념으로 생각한다. 각각의 용어에 대한 개념을 분명히 하고, 리더십과의 관계를 명확히 하여 사용상의 혼선과 혼용을 막아야 한다. 리더십과 직간접적으로 관련되는 용어에 대해 명확한 개념 정리를 하는 것에서부터 리더십은 시작될 수 있기 때문이다.

리더십이란 무엇인가?

스스로 지도자라고 생각해도 따라오는 사람이 없다면
그저 산책만 하고 있었을 뿐이다.
-리더십 속담-


믿는다. 그리고 기다린다.
-김성근 前 프로야구 감독-


리더십에 대한 개념을 한 두 문장으로 정의하기는 어려운 일
이다. 리더십에 대한 개념은 리더십에 관심을 두고 연구하는 사람
수만큼이나 다양하다. 시대적 배경이나 상황, 사회경제적 지위 등
개인이 처한 환경에서 주관적으로 정의내릴 수 있기 때문이다. 서
점에 가보면 도서 진열장에 가장 많은 종류의 도서를 차지하는 것
이 리더십에 관한 문헌이다. 리더십 전문 도서만을 따로 전시하여
도 그럴듯한 서점이 될 정도다. 최근에는 중요 인물들에 대한 리더
십을 포함하여 기업, 시민단체 등 우리 사회에서 인플루언서로 활
동하는 개인과 기관이나 단체의 리더십을 조명한다. 출중한 리더십
을 보여준 개인에 대한 분석에 그치지 않고 성공한 조직이나 기관
의 조직문화와 연계시킨 리더십을 분석한 책들도 넘쳐난다. 그만큼
리더십 자체에 대해 목말라 하는 것이 현대인들의 솔직한 욕구라고

생각한다. 리더십 산업이 출현할 정도이다. 여기에서는 리더십을 연구하는 학자나 연구자들의 리더십에 관한 정의를 모두 실을 수도 그럴 필요도 없을 것이다. 그렇게 한다면 '리더십 사전'이 되고 말 것이다. 다음 장에서 리더십 이론을 고찰하는 데 필요한 워밍업 차원에서 리더십에 관한 정의는 최소한으로 살펴볼 것이다. 학계, 기업, 스포츠, 군대 등의 분야에서 한두 명을 선정하여 그들의 리더십에 대한 정의를 개략적으로 살펴보고자 한다.

존 가드너는 《리더십》에서 "리더십은 설득이나 예시의 과정에 의해 개인이나 팀이 리더가 제시하거나 혹은 리더와 추종자 간에 공유된 목적을 추구하도록 조직을 인도하는 것이다"라고 정의한다.[7] 제임스 헌터는 《서번트 리더십》에서 "리더십은 공동의 이익을 위해 설정된 목표를 향해 매진할 수 있도록 사람들에게 영향력을 발휘하는 기술이다"라고 정의 내린다.[8] 가드너와 헌터가 주장하는 리더십 정의의 키워드는 '공동으로 추구하는 목표를 성공적으로 달성할 수 있게 하는 리더의 능력과 영향력'에 있다. POSCO CEO 출신 조말수의 리더십에 대한 정의는 보다 실무적이다. 오랜 조직 생활의 경험에서 우러나온 리더십에 대한 정의라서인지 어느 학자가 내놓은 정의보다 간결하고 설득력이 있다. 그는 리더십이란 "한 사람이 다른 사람의 마음으로부터 존경, 신뢰, 복종 및 충실한 협력을 얻기 위한 방법으로 사람의 사고, 계획 및 행위를 통솔하는

---

7 서용교. (2003). 하버드 리더십 노트. 서울: 원앤원 북스. p. 43.
8 Hunter, J. C. (1998). *The servant.* 김광수 역(2000). 리더십 키워드. 서울: 시대의 창. p. 36. 본래 서번트 리더십(Servant Leadership)은 로버트 그린리프가 헤르만 헤세의 《동방순례》 주인공 「레오」에서 아이디어를 얻었다.(Greenleaf. R. K. (1977). *Servant leadership.* 강주헌 역(2001). 리더는 머슴이다. 서울: 참솔.)

기술이다. 즉 리더십은 한 사람의 인간과 집단 및 지도자와 추종자[9] 사이의 관계에서 생기는 것으로 명령, 지시, 설득, 기타의 방법을 통해 많은 사람들을 마음으로부터 따르게 하는 행동과학이다"라고 주장한다.[10]

《좋은 기업을 넘어 위대한 기업으로》의 저자 짐 콜린스의 리더십에 대한 정의도 주목을 끈다. "리더십이란, 진실이 들리고 냉혹한 사실이 들이밀어지는 분위기를 만드는 것이다."[11] 그의 연구에 따르면 리더가 말하는 기회와 다른 사람이 듣는 기회 사이에는 커다란 차이가 있기 때문에, 위대한 기업의 리더들은 사람들의 목소리가 들리는 기회, 궁극적으로는 진실이 들리는 기회가 매우 풍부한 문화를 만들었다고 한다. 한마디로 위대한 기업이 되기 위해서는 부하가 리더가 듣기 싫은 말도 기꺼이 할 수 있는 조직문화를 만들어야 한다는 것이다. 부하는 어떻게 상사에게 진실을 말하고 냉혹한 사실을 말할 수 있을까? 콜린스는 네 가지의 팁을 제시하였다. ① 답이 아니라 질문으로 리드하라. ② 강제하지 말고 대화에 참여하여 토론하라. ③ 비난하지 말고 해부하라. ④ 단순히 좋은 정보가 아니라 정보를 무시할 수 없는 정보로 전환시키는 도구를 개발하라.

콜린스는 조직의 거대한 관료주의 문화를 경계한다. 일방통행

---

9 일반적으로 추종자라고 하면 위로부터의 지시나 명령을 따르는 사람으로 인식되지만, 현대의 민주적인 리더십에서는 추종자와 리더는 역할만 다를 뿐이지 대등한 위치를 지닌 동반자 관계로 보아야 한다. 필자는 문맥에 따라 부하(직원), 하급자, 하위자 등으로 표기했다.

10 조말수. (1999). 21세기 지도자. 서울: 한국경제신문사. p. 16.

11 Collins, J. C. (2001). *Good to great: Why some companies make the leap and others don't*. 이무열 역(2004). 좋은 기업을 넘어 위대한 기업으로. 서울: 김영사. pp. 119–128.

적인 소통과 탑다운방식의 의사결정 문화를 지양한다. 리더와 부하 간의 쌍방향 소통과 상향식의 의사결정 문화가 위대한 기업을 만든 다고 보았다. 리더의 역할은 조직이 경직되는 것을 경계하면서 조 직 안에서 진실을 주고받을 수 있는 개방된 언로 문화를 조성하는 데 있음을 강조한다.

《6시그마 기업혁명》의 저자로 알려진 마이클 해리와 리처드 슈뢰더는 리더십이란, "종업원들이 변화를 받아들이는 과정의 줄타 기에서 떨어지지 않고 균형을 유지할 수 있도록 도와주는 것이 다"[12]라고 정의하였다. 사실 리더는 자신에게 주어진 역할을 수행 하기에도 벅찬 상황에서 종업원들이 얼마만큼, 어떻게 변화를 수 용하고 있는가에 대해 관심을 갖는다는 것은 어려운 일일 수 있다. 그러나 현대조직의 리더라면 마땅히 조직 구성원들이 변화를 수용 하면서 따르는 어려움을 극복하도록 도움을 주어야 한다. 조직이 변화를 추구하는 과정에서 구성원들이 변화를 수용하는 정도와 속 도에 무관심한 리더가 있다면 그는 리더로서 자격상실이며 조직의 미래도 기대할 수 없을 것이다.

안철수도 조직문화에 대한 깊은 성찰에서 나온 리더십에 대한 견해를 내놓았다. 그는 정치에 발을 들여놓았지만 원래는 의사로서 컴퓨터 바이러스를 퇴치하는 백신 프로그램을 개발한 벤처사업가 요, 경영자이다. 안철수의 리더십에 대한 관점은 불신이 팽배한 현 대사회에 울림을 준다. 그는 리더십 자체를 사람과 사람 관계로 보

---

12 Harry, M., et al., (2000). *Six sigma*. 안영진 역(2004). 6시그마 기업혁명. 서울: 김영사. pp. 339–342.

고 인간관계에서도 신뢰가 중요하듯이 리더십에서도 신뢰만 형성
되면 절반은 성공이라고 강조한다. CEO의 존재는 신뢰의 요소들이
시간의 흐름에 따라 성숙되면 자연스럽게 형성된다. 그는 신뢰를
이루는 구성 요소로서 네 가지를 꼽는다. ① 직원들을 이용하지 않
는 마음이 직원들에게 전해지고, ② 직원들과 한 약속을 지키고,
③ 리더가 스스로 능력을 갖추고 그렇게 되도록 노력하고, ④ 솔선
수범하고 시간을 기다린다.13 안철수의 주장에 따르면 지도자는 모
름지기 솔선수범하여 노블레스 오블리제를 실천해야 한다는 생각
을 하게 된다.

존 맥스웰은《리더십의 법칙》에서 [그림 1-1]과 같이 <리더
십 5단계>를 개발하였다.14 그의 리더십 단계이론은 리더십에 대
한 정의를 내리는 것에 머물지 않고 기본 입문에서부터 최고의 리
더십 단계까지를 체계화한 점이 돋보인다. 리더의 리더십의 수준을
이해하는 데도 도움을 준다. 맥스웰이 제시한 리더십 단계이론의
핵심은 부하가 무엇 때문에 리더를 따르느냐 하는 것이다. 그림에
서 보는 것처럼 1단계(직위 vs 권리)는 부하가 리더의 직위(직책) 때문
에 리더를 따른다. 부하는 리더가 사장이나 회장이라는 직함을 가지
고 있기 때문에 복종하는 것을 의무로 여긴다. 2단계(허용 vs 관계)는
부하와 리더와의 관계 때문에 리더십이 성립된다. 리더와 부하와의
인간적인 관계 때문에 형성되는 리더십이다. 3단계(성과 vs 결과)는 리
더가 부하에게 보여준 성과, 즉 조직의 수익이 증가하거나 목표가

---

13 안철수. (2004). CEO 안철수, 영혼이 있는 승부. 서울: 김영사. pp. 150-153.
14 Maxwell, J. C. (1993) *Developing the leader within you.* 강준민 역(2004). 리
　더십의 법칙. 서울: 비전과 리더십. pp. 29-39.

그림 1-1　리더십의 5단계

그림 1-1　리더십의 5단계

5
인격
(personhood)

| 존경 | 주의 : 이 단계는 수년에 걸쳐 리더로 성장한 이들, 그리고 조직을 가지고 있는 지도자들을 위해 마련되어 있다. 소수의 지도자들만이 이 단계에 이를 수 있다. 이 단계에 이르는 자들은 생명보다 귀한 자들이다. |
| 사람들은 당신의 인격과 당신이 대변하는 일을 통해서 당신을 존경한다. | |

4
인물 계발
(people development)

| 재생산 | 주의 : 이 단계에서는 광범위한 성장이 이루어진다. 당신이 계발시키는 지도자들에 대한 헌신은 조직과 사람들을 분명히 계속적으로 성장케 할 것이다. 이 단계에 도달할 뿐 아니라 머물기 위해 가능한 모든 일을 하라. |
| 사람들은 당신이 그들을 위해 행한 일로 인해 당신을 따르게 된다. | |

3
성과
(production)

| 결과 | 주의 : 이 단계에서는 대부분의 사람들로부터 성공이 감지된다. 그러므로 그들은 당신을 좋아하며 당신이 하는 일을 좋아하게 된다. 성공의 여세로 인하여, 문제가 발생해도 작은 노력으로도 잘 해결된다. |
| 사람들은 당신이 조직을 위해 이루어 놓은 일로 인해 당신을 따르게 된다. | |

2
허용
(permission)

| 관계 | 주의 : 사람들은 당신에게 주어진 권위의 한계 이상으로 당신을 추종하려고 할 것이다. 이 단계에 이르면 일을 즐기면서 할 수 있다. 그러나 성장하지 않고 이 단계에 계속 머물러 있기만 한다면 사기가 높아진 사람들도 지칠 수 있다. |
| 사람들은 자신들이 원해서 지도자를 따른다. | |

1
직위
(position)

| 권리 | 주의 : 당신의 영향력은 작업 명세서에 나타난 한계를 초과할 수 없다. 당신이 이 단계에 머물면 머물수록 실패할 가능성은 점점 높아지고 사기는 더욱 저하된다. |
| 사람들은 의무감에서 지도자를 따른다. | |

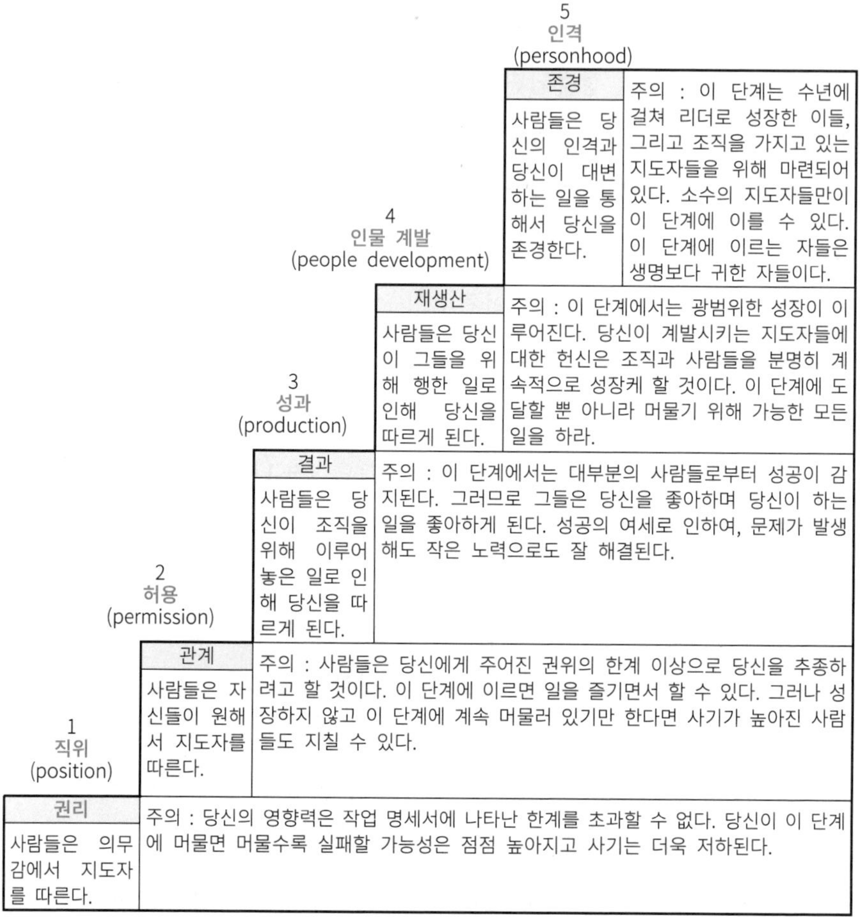

출처 : 강준민 역. 앞의 책. p. 29.

달성된 것을 보고 행동을 결정한다. 리더는 자신의 능력과 전문성 실현을 통해 리더십을 형성한다. 4단계(인물 계발 vs 재생산)는 부하가 리더로부터 개인적인 감동을 받았거나 자신의 리더십이 계발되었을 때 성립한다. 5단계(인격 vs 존경)는 부하가 리더의 인격과 행동을 존경하는 데서 성립된다. 이 단계는 대부분의 리더들이 아직 도달하지 않는 단계이며 리더들이 도달해야 할 최종 목표다.

데프트와 렌즐은 《퓨전 리더십》에서 리더십의 진화를 네 가지 단계로 설명한다.[15] 퓨전(fusion)이란 '분열'의 반대 개념으로 원자를 쪼개 나누지 않고 결합시킨 결과이다. 융합은 분열의 다섯 배에 달하는 에너지를 창출한다. 퓨전 리더십에서 퓨전은 리더가 발휘하는 특정 경영스타일의 상징으로서 파트너십 형성에 관한 것이다. 융합의 감각을 추구하며 타인을 분리의 대상이 아닌 하나의 통합된 전체를 이루는 부분으로 인식한다. 데프트와 렌즐은 과거 리더십 유형이 조직과 조직원 간의 갈등만을 증폭시키는 한계를 지니고 있어 더 이상 유효하지 않다고 주장하면서 퓨전 리더십을 그 대안으로 제시하였다. 퓨전 리더십이란, "자신의 미세한 리더십(애정, 비전, 용기, 성실, 커뮤니케이션), 재능, 잠재력, 그리고 열정을 깨닫고 조직의 변화와 개선을 지휘하는 데에 그것들을 사용하는 것이다."[16]

<표 1-1>에서 보는 것처럼 데프트와 렌즐이 제시한 리더십 진화 모형은 리더십의 유형과 외부환경의 변화에 따라 리더십이 어떤 변천 단계를 밟아왔는지를 이해하는 데 도움을 준다. 대부분의 리더들은 두 번째와 세 번째 유형의 리더십을 극복하는 데 많은 어려움을 겪는다고 한다.

<대인(大人) 리더십>은 안정된 환경에 적합한 유형으로 한 사람의 대인이 비전을 달성하기 위해 각자의 비전, 전략과 직원, 그

---

15 Daft, R. L., & Lengel, R. H. (2000). *Fusion leadership.* 백기복, 신제구 역 (2004). 퓨전 리더십. 서울: 한언. pp. 56-59.
16 위의 책. pp. 82-95.

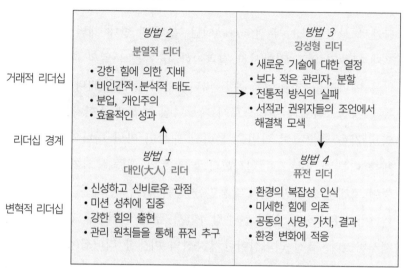

**표 1-1** 리더십의 진화

환 경

| | 안정적인 환경 | 불안정한 환경 |
|---|---|---|
| 거래적 리더십 | **방법 2**<br>분열적 리더<br>• 강한 힘에 의한 지배<br>• 비인간적·분석적 태도<br>• 분업, 개인주의<br>• 효율적인 성과 | **방법 3**<br>강성형 리더<br>• 새로운 기술에 대한 열정<br>• 보다 적은 관리자, 분할<br>• 전통적 방식의 실패<br>• 서적과 권위자들의 조언에서<br>  해결책 모색 |
| 리더십 경계 | | |
| 변혁적 리더십 | **방법 1**<br>대인(大人) 리더<br>• 신성하고 신비로운 관점<br>• 미션 성취에 집중<br>• 강한 힘의 출현<br>• 관리 원칙들을 통해 퓨전 추구 | **방법 4**<br>퓨전 리더<br>• 환경의 복잡성 인식<br>• 미세한 힘에 의존<br>• 공동의 사명, 가치, 결과<br>• 환경 변화에 적응 |

출처: 백기복, 신제구 역. 앞의 책. p. 56.

리고 자원을 한데 모은다. 관리 능력과 강한 힘이 중요하게 부각되는 단계이다. 역사적 인물로는 카네기, 나폴레옹, 시저 등이 이에 해당한다. 우리나라에서는 초기 경영의 개척자였던 정주영과 이병철과 같은 결단력과 개인적인 카리스마를 구비한 대인들의 경영스타일이 이 유형에 해당한다.

<분열적 리더십>은 안정된 환경에 적합하며, 과학적 경영과 분업을 통해 직원들을 통제한다. 리더는 강한 힘을 가지고 부하들 위에 군림하며, 부하들은 자신들의 업무에 매달린다.

<강성형 리더십>은 불안정한 환경에 적합하다. 불안하고 예측 불가능한 환경을 극복해 나가기 위해 서적이나 권위자의 자문을 받는다. 이 유형에 해당하는 리더들은 무엇을 할 것인가에 대해 확

신을 가지고 있지 않으며, 글로벌 경쟁과 사업축소와 같은 감당하기 어려운 상황에 부딪치곤 한다. 이 단계에서 정보기술이 중요한 역할을 수행하지만, 리더들은 여전히 전통적인 방식으로 일을 처리한다. 오늘날 대부분의 리더들의 리더십에 해당하는 유형이다.

<퓨전 리더십>유형도 불안정한 환경에 적합하다. 퓨전형 리더는 직원들에게 계급적인 통제를 강요하지 않으면서 성공적으로 권한을 부여하며, 공유가치와 정보에 대한 파트너십을 구축하는 등 상호의존을 중요하게 여긴다. 이 단계의 리더들은 개인이 가진 미세한 힘과 조직의 강한 힘을 통합하는 사고방식과 체제를 선택한다.

프로야구 감독으로 활약했던 김성근의 리더십 이론은 색다른 공감을 불러일으킨다. 그는 학자와 연구자들의 어려운 용어와 복잡한 논리를 사용하지 않고서 리더십을 쉽게 소개한다. 필자는 구수하고 된장국 냄새나는 그의 리더십을 좋아한다. 그는 저서《리더는 사람을 버리지 않는다》[17]에서 리더십 어록을 많이 남겼는데 여기서는 두 꼭지를 발췌한다.

"모든 분야를 세심하게 보고 변화에 민감하지 않으면 리더가 될 수 없다. 남에게는 헌신하되, 자신에게는 혹독한 것, 그것이 바로 내가 생각하는 리더의 참모습이다."

"리더는 늘 앞서가야 한다. 선구자가 되어 아무도 가지 않은 길을 먼저 가지 않으면 길이 나지 않는다. 선수들을 이끌 수가 없다."

---

17 김성근. (2015). 리더는 사람을 버리지 않는다. 고양: 이외우.

김성근 감독이 생각하는 리더십의 요체는 자신에게 혹독하고, 남에게 헌신하는 것이다. 리더도 인간이기에 남을 위해 희생하면서 자신을 냉혹하게 대하는 것은 결코 쉬운 일이 아닐 것이다. 오히려 자신에게 너그럽고, 남에게는 냉혹한 잣대를 들이대는 것이 보통 사람의 마음일지 모른다. 채근담에 춘풍추상(春風秋霜)이라는 말이 있다. "남을 대할 때는 봄바람(春風)처럼 관대하고, 자기를 지킬 때는 가을 서리(秋霜)처럼 엄하게 한다"라는 경구다.[18] 이 경구는 마치 유교의 핵심적인 실천덕목으로서 인(仁)과 의(義)를 연상케 한다. 남에게 너그러운 것은 인에 해당하고, 자신에게 냉혹한 것은 의가 아니겠는가. 꼭 리더가 아니더라도 도덕적으로 성숙한 인간이라면 춘풍추상을 실천덕목으로 삼을 수 있다. 굳이 고위직의 인사들이 춘풍추상을 멋지게 표구하여 일하는 공간의 벽에 걸어놓고 매일 실천을 다짐하는 이유가 뭣이겠는가. 공무를 집행하는 지도자라면 권력을 행사하여 사리사욕을 채우는 것이 아니라 그 권력을 국민의 행복을 위해 사용하겠다는 의지의 표현일 것이다.

유발 하라리도 《사피엔스》에서 "인간은 권력을 생성하는 데에는 놀라운 능력을 발휘하지만, 권력을 행복으로 바꾸는 능력은 부족하다"라고 꼬집고 있지 않은가.[19] 권력자가 권력을 꽉 움켜잡고 자신은 물론 같은 노선, 정파, 당파 사람들을 위해 사용하는 것이

---

18 채근담(菜根譚)은 16세기 명나라 사람 홍자성(洪自誠)이 지은 수상집으로 인간의 깊은 고뇌와 달관(達觀)이 담겨 있다. 책 이름은 송나라 학자 왕신민(汪信民)이 "사람이 언제나 나물 뿌리를 씹을 수 있다면 모든 일을 이루게 될 것이다(人常咬得菜根則百事可做)"라는 말에서 비롯되었다고 한다. 춘풍추상(春風秋霜)은 '대인춘풍(待人春風) 지기추상(持己秋霜)'에서 나왔다(洪自誠. (미상). 菜根譚. 최현 역(2013). 채근담. 파주: 범우사. pp. 11-14.)

19 Harari, Y. N. (2011). *Sapiens*. 조현욱 역(2015). 사피엔스. 파주: 김영사. p. 10.

아니라, 국민들을 행복하게 하겠다는 다짐이기도 할 것이다. 현실은 초심을 지키기도 어렵고 마음먹은 대로 되지 않는다. 심심치 않게 권력이 많고 지위도 높은 리더가 춘풍추상을 반대로 적용하여 도덕적, 직업적 물의를 일으킨 소식을 접할 때는 인간의 나약하고 표리부동한 마음을 보는 것 같아 씁쓸하다. 50년 가까이 야구 코치와 감독으로 활약했던 김성근 감독이 다양한 개성과 특기를 가진 선수들을 지도하면서 터득한 리더십 철학이다.

마지막으로 미 해병대 지휘관의 리더십에 대한 정의도 이색적이다. 리더십에 대한 평범한 정의인 듯하지만 특별한 공명을 일으킨다. 해병대원들의 식사 광경을 자세히 관찰하면 최하급자가 가장 먼저 배식을 받고, 최상급자가 가장 나중에 배식을 받는다. 해병대에서 규정한 식사 매뉴얼이거나 관할 부대 지휘관의 지시나 명령에 따른 것도 아니다. 해병대에서 자연스럽게 형성된 식사문화다. 해병대 지휘관은 자신의 필요보다 타인의 필요를 우선할 수 있는 마음가짐이야말로 리더십에 따르는 의무라고 생각한다. 자신이 이끄는 사람들을 진심으로 걱정하며, 리더십이라는 특권을 누리려면 사리사욕을 희생할 필요가 있어야 한다는 점을 강조한다.[20] 해병대의 리더는 자신에게 주어진 리더십을 특권으로 여기며, 이 특권을 누리기 위한 최소한의 마음가짐은 '리더는 마지막에 먹는다'라고 생각한다. 인간의 기본욕구를 충족시키는 식사 시간에 해병대의 리더는 자신의 조직에 속한 부하들을 진심으로 아낀다는 메시지를 전달한다. 지위가 높고 권한을 많이 가진 리더가 맨 마지막에 식사하는

20 Sinek, S. (2014). *Leaders eat last.* 이지연 역(2014). 리더는 마지막에 먹는다. 서울: 내 인생의 책. pp. 5-7.

것도 노블레스 오블리주의 작은 실천일 수 있다.

지금까지 학자, 연구자, 기업인, 스포츠 지도자, 군인 등 다양한 인사들의 리더십 정의에 대해 살펴보았다. 리더십에 대한 정의는 관점과 강조점이 다르다는 것을 알 수 있다. 필자가 이상적으로 생각하는 리더십에 대한 정의다. "리더가 조직 구성원의 합의로 설정된 조직의 목표를 달성하기 위해 구성원들에게 영향력을 행사하는 일련의 과정이다." 리더십의 키워드는 조직 구성원의 합의, 조직의 목표, 영향력의 행사이다. 이 삼박자가 맞았을 때 비로소 리더는 조직 구성원의 인정과 존경을 받으면서 조직이 추구하는 목표를 달성하는 데 최적의 영향력을 발휘할 수 있다. 이러한 리더십으로 형성된 조직문화에서는 부하가 리더에게 냉혹한 진실을 말하고 리더는 경청하게 된다. 리더와 부하는 상호 신뢰를 토대로 각자의 역량을 발휘하게 되고 이 조직문화가 성숙하게 되면 부하는 리더의 인격과 행동을 존경하는 단계에 이르게 된다.

## 02 리더십을 설명하는 이론은?

리더십이란 무엇인가? 도덕적인 문제를 잠깐 유보한다면 정의는
하나뿐이다. 리더십은 추종자를 모을 수 있는 능력이다.
-제임스 조지스-

당신의 행동이 타인들로 하여금 더 많이 꿈꾸고, 더 많이 배우고, 더 많이
일하고, 더 나은 사람이 되게끔 영감을 불어넣는다면 당신은 분명 리더다.
-존 퀸시 애덤스-

이제까지 학자와 전문가들의 리더십의 개념에 대한 견해를 살펴보았다. 리더십에 대한 연구는 주로 변화에 민감하게 반응하는 기업을 대상으로 이루어지고 있음을 알 수 있다. 기업의 리더는 급격한 환경 변화에 대응하면서 이익을 창출하는 동시에 사내외 이미지를 관리하는 등 그의 리더십이 기업의 미래에 큰 영향을 미치기 때문일 것이다. 리더가 어떤 철학과 방식으로 리드하느냐에 따라 기업의 성과와 위상 그리고 가치 등은 눈에 띄게 달라진다. 기업의 사회적 평판, 주가 결정, 수익 등 가치 평가와 CEO 이미지 간의 관련 연구가 활발한 이유이다.

펜실베이니아 경영대학원의 데이비드 라커 교수는 "CEO의 평판이 10% 호전되면 해당 기업의 주식 평가액이 24% 증가한다"라

는 연구결과를 내놓았다. 다국적 홍보회사인 버슨 마스텔러의 조사에 따르면, CEO의 평판이 기업 평판에 미치는 영향은 1997년 40%에서 1999년 45%로, 2001년에는 48%로 증가했다.[21] CEO의 평판은 불안한 투자를 안정시키는 보험과도 같다.

리더십이 기업에서만 중요한 것은 결코 아닐 것이다. 외부환경과 상호작용을 하는 조직과 기관이라면 모두 다 중요하고 긴급하다. 교육기관 역시 예외가 될 수 없다. 교육자가 활동하는 교육기관의 속성은 기업의 속성과는 판이하게 다르다고 주장할 수 있다. 맞는 주장이다. 교육이라는 조직과 기업이라는 조직은 대상, 목적과 특성, 구성원의 성격, 철학 등에 있어 상당한 차이가 있다. 하지만 교육기관이든 기업이든 정부기관이든 리더라면 조직이 가진 인적·물적 가용자원을 최대한 활용하여 조직의 목표를 성공적으로 달성하고 싶은 욕구를 가지고 있을 것이다. 교육자 역시 리더이다. 교육자들이 교육리더십을 발휘하면 얼마든지 성공적인 교육기관을 만들 수 있고 기관 안팎에서 일어나는 환경의 변화에도 효과적으로 대응할 수 있다.

지금부터는 리더십을 설명하는 기본 이론으로서 특성론, 행위론, 상황론에 대한 각 특성들에 대해 살펴보기로 한다.

## 1) 특성론

리더십의 특성론은 자질론이라고 부른다. 리더는 어떤 특성이나 자질을 가지고 있다든가, 또 리더라면 마땅히 어떤 특성을 가져

---

21 박영철. (2011년 3월 14일). 기업의 성장 CEO 브랜딩에 달렸다 호감도 10% 올라가면 주식은 24% 상승. 주간조선.

야 한다는 것을 규정하는 것이다. 리더십의 특성론은 1950년대까지 리더십 연구의 주류를 이룬 분야였다. 그러나 특정의 자질을 소유한 사람은 리더가 될 수 있고 그렇지 못한 사람은 리더가 될 수 없다고 보는 것은 인간이 가진 다양성과 잠재성을 지나치게 간과하고 있다는 비판을 받는다.

리더십의 특성론을 연구하는 학자나 연구자들은 리더의 특성과 자질을 나열한다. 예를 들어, 바나드는 활동성과 인내력, 설득력, 책임, 지적 능력을 리더의 특성으로 나열한다.[22] POSCO CEO 출신 조말수는 측은지심, 결단, 설득력, 인간관리, 성실성, 인재양성, 통찰력과 역사의식, 목적의식, 건강과 레크리에이션, 유머감각을 꼽는다.[23]

최근 리더의 특성 가운데 약방의 감초처럼 포함되는 특성이 있다. 유머감각이다. 오늘날 리더들에게 유머감각이 중요한 자질이지만 유머는 장소와 상황에 따라 적절하게 구사되어야 한다. 아래에서는 리더가 발휘하는 유머 감각의 기준이 될 만한 두 가지 예화를 소개한다.

제2차 세계대전 중 미국의 프랭클린 루즈벨트 대통령과 영국의 윈스턴 처칠 수상이 정상회담을 하는 과정에서 일어났던 일화이다. 루즈벨트는 휠체어를 타고 처칠이 묵고 있는 방에 들어갔다. 그런데 방에 들어섰을 때, 처칠은 샤워를 막 마치고 아직 가운도 걸치지 않고 있었다. 루즈벨트가 결례를 한 것에 당황해 하자, 처칠은 이렇게 이야기 했다.

---

22 왕기항. (1997). 교육조직론. 서울: 집문당. p. 214.
23 조말수. 앞의 책. pp. 27 - 198.

"대영제국의 처칠 수상은 미합중국의 루즈벨트 대통령께 아무것도 속인 게 없습니다."

얼마나 순간적인 재치와 골계가 넘치는가? 그 자리에서 처칠 수상이 의전비서를 찾고 루즈벨트 대통령의 결례를 따지고 들었다고 생각해보자. 양국 정상의 개인적인 친분은 물론이고 외교관계도 순탄하지 않았을 수 있다. 처칠의 유머로 양국은 더욱 긴밀한 외교관계를 유지하고 합심하여 세계대전을 승리로 이끌 수 있었다.

미국의 로날드 레이건 대통령과 관련된 일화이다. 레이건 대통령은 공화당 소속이다. 레이건은 대통령으로 취임하고 얼마 되지 않은 1981년 힝클리라는 25세 청년으로부터 저격을 당했다. 대통령의 심장을 쏘았다. 레이건은 중상을 입고 병원에 실려가면서 영부인 낸시에게 이렇게 말했다.

"여보, 머리를 재빨리 숙였어야 했는데? 의사가 공화당원이었으면 좋겠소."

세계적인 리더들의 유머감각을 보면, 그들의 해학과 위트와 기지가 어느 순간 갑자기 생각나는 것은 아니라고 생각한다. 그들은 일상에서 유머와 위트를 사용하면서 체득화 되었기 때문에 순간순간 반짝이는 보석과 같이 격조 높은 유머를 표현할 수 있다. 리더가 어떤 유머를 어떻게 구사하느냐에 따라 상황을 자신에게 유리하게 만들 수 있다. 리더의 유머 한마디에 일이 쉽게 풀릴 수도 있고 분위기가 어색하게 될 수도 있다. 현대사회가 파편화 되고 삭막한 모습을 보이는 것은 리더들이 여유와 관조를 통한 유머가 부족하기 때문이 아닌가 한다.

리더의 특성이 중요하다는 데 동의한다. 그렇지만 리더의 특성이 어떤 상황에서도 만능 통치약처럼 약효를 발휘할 가능성은 희박하다. 리더의 특성은 어떤 조건이나 환경에 국한하여 제한적으로 적용되었을 때 효과적일 수 있다. 리더의 특성만으로는 복잡한 리더십의 성격을 설명하고 일반화시키는 데 한계가 있다. 리더의 특성과 부하의 특성이 상호 중복 되면 리더의 특성을 부각시키는 어렵다. 지적 능력의 관점에서 리더십을 따질 때, 리더의 지적 능력보다 부하의 지적 능력이 더 높을 경우에 리더십의 역전현상이 일어날 수 있다.

특성론을 수학적인 함수관계로 표시하면 $L = f(l \times f)$로 나타낼 수 있다. 여기에서 L은 리더십(Leadership)이고, l은 리더(leader), f는 부하(follower)를 의미한다. 리더의 특성론은 리더와 부하와의 관계를 일대일 대응의 함수로 본다. 리더가 어떤 특성과 자질을 갖고 있느냐에 따라 리더와 부하의 관계 설정은 달라진다.

리더십의 특성론은 사회심리학 용어인 기본적 귀인오류(fundamental attribution error)를 떠올리게 된다. 기본적 귀인오류는 인간 행동의 근본적인 원인을 성격이나 특성 탓으로 돌린다. 개인이 처한 환경적인 측면이나 상황은 무시되고 개인의 성격으로 보아 그러한 행동을 할 수밖에 없다는 입장이다. 예컨대, 중요한 면접에서 긴장하는 후보자를 보고 천성적으로 걱정이 많은 사람으로 결론 짓거나, 아무도 아는 사람이 없는 모임에서 조용히 있는 사람을 천성적으로 수줍음이 많은 사람으로 판단하거나, 자기가 잘 알고 있는 주제에 대하여 잘 아는 사람들 앞에서 능숙하게 강연하는 사람을 원래 뛰어난 연설가로 성급하게 결론내리는 일 등이 그러한 오류의 예들이다. 상황의 힘이나 논리를 무시하고 특성만을 지나치게 강조하다 보면 판단의 오류를 범할 가능성이 높다 할 것이다.[24]

 **사색의 창** · · · · · · · · · · · · · · · · · · ·

'간디의 성실함'

말, 감정, 생각과 행동을 일치시키려 노력하는 것은 곧 성실성을 실천하려는 것이다. 간디의 경우를 보자.

영국 정부는 간디와 그의 추종자들의 독립운동을 제지하기 위해 간디를 수감시켰다. 그러나 이러한 조치는 역효과를 냈다. 인도 사람들은 간디를 순교자로 생각했고, 독립운동의 열기는 고조되었다. 결국 영국 정부는 간디를 의회 법사위의 원탁테이블 회의석상에 참석하게 했고 영국의 상하원에서의 연설을 허락했다. 영국에 도착한 간디의 모습은 작고 약한 모습이었다. 그는 평범한 인도 사람이 입는 전통 인도 복장 차림이었다.

간디는 의사당 홀의 전면으로 나아가 연단 앞에 서서 의원들을 상대로 연설을 시작했다. 그는 인도인들의 어려운 상황을 묘사하면서 열정적으로 연설을 했다. 그는 부드럽지만 뜨거운 어조로 영국이 인도를 떠날 것을 촉구했다. 20분, 30분, 1시간이 흘렀다. 중간에 누군가가 박수를 치기도 했으나, 흠칫 놀라 곧 멈추었다. 간디는 난처해하지 않았다. 그는 박수를 받기 위해 연설을 하는 것은 아니었다. 간디는 거의 두 시간을 계속 연설했다. 그가 연설을 마치려는 순간 의사당 홀에서 어떤 변화가 나타났다. 그들은 인도 국민들을 굴복시키고 억압하기 위한 법안을 통과시킨 사람들이었다. 그러나 그들 모두는 순간적으로 하나가 되어 일제히 간디에게 기립박수를 보내기 시작했다.

연설이 끝나고 기자가 비서에게 질문을 하였다. "나는 그가 연설문도 없이

24 Nisbett, R. E. (2004). *The geography of thought*. 최인철 역(2004). 생각의 지도. 서울: 김영사. pp. 119−120.

거의 두 시간 동안 이 연단에 서서 영국의 정치지도자들을 납득시키는 것을 주시하지 않을 수 없었습니다. 그는 연설하는 내내 메모 한번 보지 않았습니다. 어떻게 그렇게 할 수 있죠?" 간디의 신비스런 웅변기술에 대해 말해줄 것을 기대하고 있던 기자는 다음과 같은 비서의 말에 크게 놀랐다.

"당신들은 모릅니다. 당신들은 간디를 모릅니다. 보다시피, 그가 생각하는 것은 그가 느끼는 것입니다. 그가 느끼는 것은 그가 말하는 것이구요. 그리고 그가 말한 것은 그가 행하는 것입니다. 그는 연설문이 필요 없습니다. 당신과 나는 느끼는 것과 다른 생각을 하기도 합니다. 우리의 말은 누가 듣고 있느냐에 따라 다릅니다. 우리의 행동은 누가 보고 있느냐에 따라 다릅니다. 이 점에서 간디는 우리와 다릅니다. 그에겐 준비된 원고가 필요하지 않습니다."

간디에게 있어 생각하는 것, 느끼는 것, 말하는 것, 행동하는 것들은 모두 일치되어 있다. 그의 삶에는 합일점이 있는 것이다.[25]

## 2) 행위론

리더십의 행위론이란 성공적인 리더의 행동이나 행위는 어떤 유형인가를 알아보는 방식이다. 예를 들어, 권위적 리더, 민주적 리더, 자유방임적 리더 유형 가운데 어떤 유형이 효과적이며, 각 유형의 리더에게 조직집단은 어떤 반응을 보이는가를 살펴보는 것이다.

연구 결과에 따르면 위의 세 가지 리더십 유형 중 민주적 리더를 가장 선호하였고, 권위적 리더를 가장 싫어하였다. 권위적 리더 아래에서 집단 구성원은 공격적인 행동이나 냉담한 행동을 하였고, 자유방임적 리더 아래의 집단에서는 좌절과 방향감각의 상

25 Lee, B. (1998). *The power principle*. 장성민 역(1999). 지도력의 원칙. 서울: 김영사. pp. 235-237.

실, 우유부단한 행동이 관찰되었다. 권위적 리더에 속한 조직의 생산성은 초기에는 급격히 상승하다 시간이 흐름에 따라 급격히 저하되었다.[26]

앤드류 헬핀은 교육감과 공군지휘관의 리더십을 비교 연구하였는데 교육감은 군지휘관보다 인간관계(혹은 배려성 차원)에 더 관심을 가지고 있는 것으로 나타났다. 반면에 공군지휘관은 인간관계보다는 과업(혹은 구조성 차원)에 더 관심을 가지는 것으로 나타났다. 존경을 받지 못하는 리더의 대부분은 인간관계와 과업 차원 모두에서 평균점 이하로 나타났다.[27]

미시간 대학의 연구자들은 직무 중심 리더십과 종업원 중심 리더십 두 유형으로 리더십을 분류하여 어떤 리더십 유형이 더 효과적인가를 평가하였다. 직무 중심 리더(job-oriented leader)의 경우, 종업원이 수행할 과업의 표준을 엄격하게 설정하고 과업을 세심하게 조직하며, 종업원이 따라야 할 상세한 작업 방법을 규정하고 종업원의 작업을 면밀히 조언한다. 반면 종업원 중심 리더(employee-centered leader)의 경우, 종업원과 우호적인 관계를 맺는 경향이 있으며 개인적인 의사결정을 내리는 대신에 집단 의사결정 방법을 선택하고 높은 성취목표를 달성하도록 구성원들을 격려하며 구성원들을 세심하고 신중하게 대하려고 노력한다. 효과적인 리더십 유형은 어느 쪽이었을까? 직무 중심 리더가 있는 부서의 생산성이 떨어지는 것으로 밝혀졌다. 인간관계 중심의 리더십을 수행하는 리더가 종업원에게 이것저것 따지고 '감 놔라, 배 놔라' 간섭하

---

26 윤정일 외. (2001). 교육행정학개론. 서울: 학지사. p. 101.
27 위의 책. pp. 102-103.

는 직무 중심의 리더보다 효과적인 것으로 밝혀졌다.[28]

리더십의 행위론은 리더가 어떤 유형의 리더십을 발휘할 때, 그에 따른 조직 구성원의 반응은 어떤가를 알아보는 것이다. 리더십의 행위론도 여전히 효과적인 리더십 유형이란 무엇인가에 대해 근본적인 질문에 답변을 못한다.

## 3) 상황론

리더십의 특성론과 행위론은 리더 개인의 특성(또는 능력)과 태도(인간과 과업을 다루는 관점)와 관계된다. 리더는 자신이 부딪치는 다양한 상황과 환경과 무관하게 리더 개인의 특성과 태도만으로 리더십을 발휘하는 데 한계에 봉착하게 된다. 부하의 입장에서는 리더 한 사람에게만 의지하는 불안전한 조직구조이다.

특성론은 리더가 처한 상황이나 환경을 고려하지 않는다는 점에서 결정적인 비판을 받는다. 특성론의 관점에서는 리더가 지닌 특성이 리더가 처한 모든 환경이나 상황에 적합한 리더십을 발휘할 수 있다는 것을 가정하고 있다. 마치 어떤 자물쇠도 열 수 있는 만능키처럼 말이다. 리더십의 행위론 역시 리더의 어떤 유형의 행동이 효과적이라고 주장하지만, 리더와 조직이 직면하는 상황이 어떻게 전개될지 모르는 상태에서는 여전히 의문이 남는다. 조직의 리더가 예측 불가능한 다양한 환경과 상황에 직면할 수밖에 없다는 점을 고려하면, 특성론과 행위론은 상황이라는 변수를 간과하고 있다.

리더가 효과적인 리더십을 발휘하기 위해서는 조직의 특성, 과업의 성격, 부하직원의 특성, 환경 변화의 성격 등 다양한 요인들에

---

28 위의 책. pp. 103 – 104.

대한 종합적인 분석과 검토가 선행되어야 할 것이다. 상황론적 리더십이 등장하게 된 이유이다. 상황론적 리더십은 어떠한 리더십도 최선이 될 수 없으며, 상황에 적응해서 적절한 리더십 유형을 판단해야 된다는 것과 리더는 항상 상황에 대해 관심을 가져야 함을 시사한다. 상황론과 관련된 유명한 일화를 보기로 들어보자.

남북전쟁(1861–1865)이 한창일 때 맥클렐런 장군은 북군의 지휘관 가운데 가장 뛰어난 장군 중의 한 사람이었다. 하루는 그를 격려해 주려고 링컨 대통령이 국방장관을 대동하고 그의 야전 사령부를 방문했다. 때마침 장군은 전투장에서 돌아오지 않고 있었다. 링컨은 몇 시간 동안을 사령관실에 앉아서 그를 기다려야 했다. 드디어 장군이 들어왔다. 그는 방 안에 앉아 있는 대통령과 장관을 본체만체 하면서 그냥 2층 자기 방으로 올라가버렸다.

대통령과 장관은 어이없어 하며 서로 얼굴을 쳐다보았다. 이성적으로 상상하기 어려운 장면이 펼쳐진 것이다. 그들은 장군이 곧 내려오리라 생각하고 다시 의자에 앉아서 그를 기다렸다. 한참 후에야 부관이 나타나더니 이렇게 말하는 것이었다.

"죄송합니다만 장군께서는 너무 피곤해서 그냥 잠자리에 드신다고 대통령께 말씀드리라고 이르셨습니다." 놀란 것은 국방장관이었다. 일개 장군이 직속상관인 자기는 고사하고 감히 대통령마저도 이렇게 무시할 수는 없는 일이었다. "저렇게 무례한 놈은 제 생전에 본 적이 없습니다. 대통령께서는 장군을 당장에 직위 해제시키셔야 합니다." 링컨은 잠시 침묵을 지키더니 조용히 장관에게 다음과 같이 말했다. "아니다. 장군은 우리가 이 전쟁을 이기는 데 꼭 필요한 사람이다. 장군 때문에 단 한 시간만 이라도 이 유혈의 전투가 단축될 수 있다면 나는 기꺼이 그의 말고삐를 잡아주고 그의 군화도 닦아 줄 것이다. 나는 그를 위해서라면 무슨 일이든 다 하겠다."[29]

전쟁이라는 긴장감이 팽배한 상황 속에서 링컨 대통령, 국방 장관, 전투 사령관과의 관계에서 나온 일화이다. 군대와 군인은 엄격한 위계와 지휘계통을 따른다. 지휘계통으로 보아도 군통수권 자인 대통령 링컨, 국방장관, 그리고 맥클렐런 사령관 순이다. 그런데 전쟁터의 현지 사령관이 지휘부를 방문한 대통령에게 예의를 갖추어 맞이하지도 않고 피곤하다는 이유로 잠자리에 들었다는 이 일화는 어느 나라 군대에서도 발생할 수 없는 전대미문의 사건일 것이다. 그러나 마치 소설 속의 지어낸 이야기와 같은 상황이 링컨이란 위대한 리더를 만났기 때문에 성립할 수 있었다. 링컨은 현지 사령관이 처한 상황을 진심으로 이해하고 오히려 전쟁에서 승리할 수만 있다면 그보다 더한 일도 하겠다는 각오를 보여 주었던 것이다.

여기서 중요한 관전 포인트가 있다. 부관의 말에 곧바로 국방 장관이 노여움을 삭이지 못하고 직위해제를 건의하였을 때, 링컨은 '잠시 침묵을 지켰다'는 대목이다. 링컨의 침묵 속에는 리더로서 깊은 통찰력, 상황파악, 그리고 무엇보다 링컨이 지닌 지도자로서의 자질이 녹아 있음을 감지할 수 있다. 링컨은 군대의 최고통수권자인 대통령으로서 노여움과 순간적인 감정의 뒤틀림을 억제하고 전

---

29 홍사중. (1998). 리더와 보스. 서울: 사계절. pp. 67-68.

**표 1-2** 교육계 리더가 고려해야 할 상황적 요소

| 부하직원 | 조직구조 | 내부환경 | 외부환경 |
|---|---|---|---|
| 성격<br>동기<br>능력 | 규모<br>위계구조<br>공식화<br>리더 역할 | 풍토<br>문화 | 사회적 환경<br>경제적 환경 |

출처: Hoy, W. K., & Miskel, C. G. (2001). *Educational administration*(6th. ed.). New York, NY: McGraw-Hiu. p. 397.

투현장에서 지친 부하의 상황을 이해하고 배려하였다. 링컨이 부하들이 처한 상황과 환경을 대승적으로 이해하고 세심하게 배려하였기 때문에 전쟁을 승리로 이끌었는지 모를 일이다.

리더가 조직이 처한 상황과 맥락에 입각한 상황론적 리더십은 L = f (l × f × s)라는 함수관계로 정리할 수 있다. 상황론적 리더십의 함수는 특성론의 리더(l)와 부하(f) 관계에 상황(s)이라는 요소가 추가된다. 리더의 상황적 요소란 ① 과업수행 방법과 관련된 기술, ② 조직행동에 영향을 주는 조직철학, ③ 상급자, ④ 동료, ⑤ 부하직원 등 다섯 가지를 들 수 있다.[30]

웨인 호이와 세실 미스켈은 교육계의 리더에게 필요한 상황적 요소를 <표 1-2>와 같이 정리하였다. 그들이 주장하는 상황적 요소들은 비단 교육조직 뿐만 아니라 조직의 리더라면 고려해야 할 일반적인 요소라고 본다.

상황론을 대표하는 이론으로는 프레드 휘들러의 돌발적 상황 모델(Contingency Model), 윌리엄 레딘의 3차원적 리더십 유형(Tri-Dimensional Leadership Style), 그리고 케네스 블랜차드의 상황대응적 리더십 유형(Situational Leadership Ⅱ) 등이 있다.

---

30 윤정일 외. 앞의 책. pp. 113-114.

표 1-3 리더십 모형과 업적에 관한 Fiedler의 연구결과

| 유형 | 리더와 부하와의 관계* | 과업구조** | 지위권력*** | 효과적인 리더십 유형 |
|------|------|------|------|------|
| I | 좋음 | 구조적 | 강 | 과업지향적 |
| II | 좋음 | 구조적 | 약 | 과업지향적 |
| III | 좋음 | 비구조적 | 강 | 과업지향적 |
| IV | 좋음 | 비구조적 | 약 | 인간관계적 |
| V | 다소 나쁨 | 구조적 | 강 | 인간관계적 |
| VI | 다소 나쁨 | 구조적 | 약 | 인간관계적 |
| VII | 다소 나쁨 | 비구조적 | 강 | 인간관계적 |
| VIII | 다소 나쁨 | 비구조적 | 약 | 과업지향적 |

출처 : 왕기항. 앞의 책. p. 226.
* 리더와 부하와의 관계(leader-member relation) : 부하가 리더를 승인하는 정도
** 과업구조(task structure) : 부하의 직무가 자세히 기술되는 정도
*** 지위권력(position power) : 리더가 조직에서 공식적으로 소유한 권력의 강도(量)

　　<표 1-3>은 휘들러의 연구 결과로, 어떤 상황에서 어떤 리더십 모형이 효과적인가를 여덟 가지 변수에 따라 나타낸 것이다. <표 1-3>에 따르면 지도자와 부하와의 관계가 좋고, 부하의 직무가 확실하게 기술되어 있으며, 지위권력이 높은 상황에서는 과업지향적인 리더십이 효과가 있다. 지도자와 부하와의 관계가 다소 나쁘고, 과업구조가 구조적이며, 지도자의 지위권력이 약할 경우에는 인간관계적인 리더십이 효과가 있다.

　　[그림 1-2]는 레딘의 3차원적 리더십의 효과성 모형을 나타낸 것이다. 3차원적 리더십의 기본 모형은 관계지향(relation-oriented)과 과업지향(task-oriented)의 조합을 통해 통합형(1사분면), 관계형(2사분면), 분리형(3사분면), 헌신형(4사분면) 등 네 가지의 유형으로 구성된다. 관계지향은 리더가 부하를 신뢰하고 부하의 의견과 감정을 존중하는 등 리더가 부하에게 인간적으로 관심을 가지는 정도를 말한다. 과업지향은 리더가 조직구성원이 달성할 목표에 관심을 가지는 정도를 말한다. 기본 모형이 비교적 효과적인 리더십 유형

**그림 1-2** Reddin의 3차원적 리더십 모형

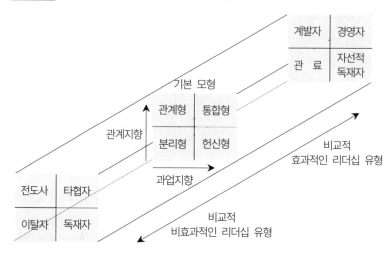

출처 : Fred C. Lunenburg, F. C., & Ornstein, C. (1991). *Educational administration.* Belmont, CA: Wadsworth Publishing Company. p. 152.

으로 나타날 때는 경영자형(executive), 계발자형(developer), 관료형 (bureaucrat), 자선적 독재자형(benevolent autocrat)이 된다. 비교적 비효과적인 리더십 유형으로 나타날 경우에는 타협자형(compromise), 전도사형(missionary), 이탈자형(deserter), 독재자형(autocrat)이 된다.

블랜차드의 상황 대응적 리더십 유형 Ⅱ[31]는 부하의 발달 수준에 따른 리더십 유형이다. 리더는 부하들의 발달 수준에 따라 각자에게 적합한 리더십 유형을 발휘해야 한다. 리더는 유연성을 발휘하여 개개인이 목표나 과제를 성취하도록 돕기 위해 [그림 1－3]과

31 1960년대 말 블랜차드는 허시(Paul Hersey)와 함께 상황 대응적 리더십 이론 (Situational Leadership)을 개발하였고, 1980년대 초 블랜차드와 동료들이 상황 대응적 리더십 Ⅱ(Situational Leadership Ⅱ)라고 명명한 이론을 개발하였다.

같이 리더십 유형을 자유자재로 활용할 수 있어야 한다.[32]

[그림 1-3]에서 보는 것처럼 지시형(directing)에 해당하는 리더는 지시는 많고 지원은 적게 하는 유형이다. 임무와 목표에 대해 명확하게 지시하고, 결과에 따라 잦은 피드백을 제공하기 위해 일의 실행 과정을 면밀하게 관찰하는 리더이다. <발달수준 1>에 해당하는 부하들에게 적용하면 효과적이다. 지도형(coaching)은 지시도 많고 지원도 많은 유형의 리더이다. 이 유형의 리더는 부하들에게 이유를 설명하거나 제안을 하면서 실력이 향상되면 칭찬하지만 과제 수행 과정을 지속적으로 지시한다. <발달수준 2>에 있는 부하들에게 적합한 모형이다. 지원형(supporting)은 <발달수준 3>에 와있는 부하들에게 적합하며 지원은 많이 하고 지시는 적게 하는 유형이다. 서로 간의 상호관계를 원활하게 하도록 돕고, 사람들의 말을 잘 들어준다. 또 의견을 말하게 하고, 격려와 지원을 아끼지 않지만 지시는 거의 하지 않는다. <발달수준 4>에 적합한 위임형(delegating)은 지원도 적고 지도도 적은 유형이다. 직원들이 과제를 수행하기 위해 적절한 지원을 하며 독립적으로 행동할 수 있도록 한다.

상황론적 리더십은 7, 80년대에 주목 받은 리더십 이론으로 현대의 리더십 연구자들에게도 설득력 있는 이론으로 받아들여지고 있다. 교육기관과 같은 조직에서는 과업지향보다는 관계지향이 더 적절하고, 군대와 같이 긴급하고 안전에 관계되고 위기에 대처하는

---

32 Blanchard, K., & Hodges, P. (2003). *The servant leader.* 조천제, 이강봉 역 (2004). 섬기는 리더 예수. 서울: 21세기북스. pp. 106-126; Blanchard, K. et al., (1985). *Leadership and the one minute manager.* New York, NY: William Morrow and Company, INC. pp. 45-75; 윤정일 외. 앞의 책. pp. 115-117.

그림 1-3　상황 대응적 리더십 유형

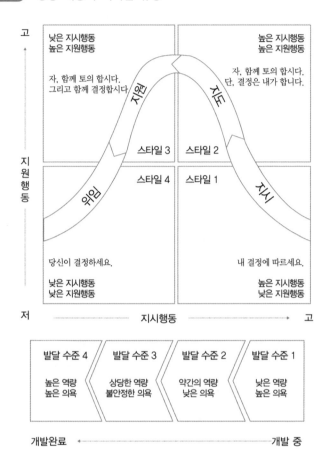

• 지시행동: 언제, 어디서, 무엇을, 어떻게 해야 하는지 부하들에게 지시하기
• 지원행동: 말을 들어주기, 의사결정 행위 과정에 직원들을 참여시키기, 격려하기, 일의
  진전을 칭찬하고 다른 사람들과 상호작용을 용이하게 해 주기
• 발달 수준 1: 임무에 대한 의욕은 매우 높지만 관련 분야의 임무를 담당해 본 경험이
  전혀 없기 때문에 능력이 많이 부족한 사람
• 발달 수준 2: 경험과 능력이 조금 있지만 학습 과정에서 겪은 몇 번의 좌절로 생각보
  다 과제가 어렵다는 사실을 깨달은 탓에 의욕과 열정이 줄어든 사람
• 발달 수준 3: 비교적 높은 수준의 역량을 가졌지만 의욕과 자신감이 부족한 사람, 혹
  은 매우 조심스런 태도로 과제를 수행하는 사람
• 발달 수준 4: 특별한 과제를 수행할 수 있는 뛰어난 역량이 있으며 의욕도 높은 사람

조직에서는 관계지향보다는 과업지향이 더 적절한 리더십 유형으로 받아들여진다.

이제까지 리더십을 설명하는 이론적 틀로서 특성론, 행위론, 상황론 세 가지 범주로 대별하고 간략하게 설명하였다. 세 가지의 이론적 틀만으로는 리더십의 모든 것을 설명하기는 불가능할 것이다. 어떤 리더십 이론이 나와도 완벽할 수 없다. 리더십의 이론적 틀에 맞춰 '이것이 리더십이다'라고 단정하기에는 인간의 사고, 감정, 행동의 근원은 복잡하기 이를 데 없고 인간을 둘러싸고 있는 환경 또한 복잡하기 때문이다.

리더십 연구자들은 사회변화를 정의내리고 인간행동을 관찰하면서 새로운 환경에 적합한 리더십 이론과 모형을 만들어낸다. 리더십 산업이 출현할 정도이니 앞으로 다양한 유형의 리더십 이론이 쏟아질 것이다. 서점 진열장을 가보라. 백화점의 상품을 진열한 것처럼 온갖 리더십 관련 서적들이 독자들의 선택을 기다리고 있다. 첨단제품이 출시 직후 중고로 변하는 것처럼 리더십 이론 역시 출현하기 바쁘게 또 다른 이론으로 대체되기가 일쑤이다. 연구가 활발하다보니 리더십 분야에 대해서만큼은 단정적으로 말하기 어려운 이유이기도 하다. 기억해야 할 것은 새로 출현한 리더십의 정의나 이론적 모형은 앞에서 설명한 리더십의 원형을 수정, 보완, 응용할 수밖에 없다는 것이다. 법고창신(法古創新)[33]의 원리다. 비교적

___

[33] 연암 박지원이 주창한 법고창신론의 원문은 '법고이지변, 창신이능전(法古而知變, 創新而能典)'이다. '옛것을 모범으로 삼되 변통할 줄 알고, 새것을 만들어 내되 법도가 있게 한다'라는 의미다. 온고지신(溫故知新)이 '옛것을 미루어 새것을 안다'라는 정적인 행위라면 법고창신은 옛것을 본보기로 하여 형편과 상황을 재해석, 재정의하여 재창조하는 것으로 능동적인 행위를 의미한다(박희병. (2006).

최근에 등장한 변혁적 리더십, 서번트 리더십, 문화적 리더십, 도덕적 리더십, 슈퍼 리더십 등 역시 기본적으로 깔린 문제의식은, 리더가 구성원의 역량을 극대화하여 조직이 추구하는 목표를 어떻게 효과적으로 달성할 것인가에 대한 것이다. 리더십 이론이 많다는 것은 그만큼 사회가 복잡하고 예측이 불확실하고 인간의 행동방식 역시 변수가 많다는 반증일 것이다.

현대사회는 첨단 과학기술과 우주공학의 발달로 예측가능성이 높아졌다고 말할 수 있지만, 인간행동과 업무 자체의 성격이 다원화, 고도화되어 오히려 과거보다 훨씬 더 불확실성이 심화되었다. 현대를 VUCA시대라고 한다. Volatility(변동성), Uncertainty(불확실성), Complexity(복잡성), Ambiguity(모호성)의 첫 글자를 조합했다. 현대인들은 사회변동이 많은 반면 눈에 보이는 뚜렷한 현상이 없어 판단하기 어려운 불확실하고 모호한 환경 속에서 살고 있다. 특히 4차 산업혁명 시대를 맞으면서 변화의 속도는 가속화되었고, 불확실성과 복잡성이 증가하고 있다. 언제 어디에서 무슨 일이 일어날 것인가를 예측하기 어려운 시대다. 예측이 어려운 만큼 완벽하게 대응하기도 문제를 근본적으로 해결하기도 어렵다. 이런 현대사회의 특징들을 감안하면 개인이나 조직 차원의 리더십을 설명하는 이론적 도구들은 일정한 한계에 봉착한다. 현재까지 연구된 리더십에 관한 기법과 이론으로는 리더의 리더십에 대해 제한된 설명을 할 수밖에 없다. 모든 리더십 유형과 속성을 낱낱이 분석하고 불을 보듯 명백하게 설명할 수 있다고 보는 것은 지나친 자신감으로 비춰진다. 앞으로 인간행동의 근원을 밝히려는 노력과 함께 리더십을

연암을 읽는다. 서울: 돌베개.)

설명하는 도구들도 끊임없이 개발될 것이다.

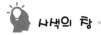 사색의 창 · · · · · · · · · · · · · · · · · · · · · · ·

'리더십 유형의 분포'

찰스 파커스와 수지 왯로퍼는 전 세계
160명의 최고경영자(CEO)들과 인터뷰를 통
해 5가지 리더십 유형을 찾아냈다.

리더십 유형에 따른 직무우선순위, 선호하는 인재상, 시간 할애 내용

| 구분 | 직무우선순위 | 선호하는 인재상 | 시간 할애 내용 |
|---|---|---|---|
| 전략형 | • 장기전략의 실행 방법을 설계하고 테스트<br>• 자원배분, 기업이 나아가야 할 최적 진로 결정 | • 탁월한 기획 및 분석능력을 가진 종업원 | • 많은 시간을 고객, 기술, 경쟁자, 시장 상황 등과 같은 조직운영의 외적 요인을 다루는 데 할애 |
| 인적자원형 | • 종업원 개개인의 성장과 개발을 세심하게 관리 | • 기업의 방식에 따라 일관성 있게 행동하는 장기근속자 | • 조직에 확실한 가치관과 행동, 태도를 정립하기 위해 많은 시간 할애 |
| 전문가형 | • 경쟁우위의 원천이 되는 전문영역의 발굴 | • 전문성을 가진 사람<br>• 편견 없고 유연한 마음을 가진 후보자들을 물색 | • 많은 시간을 신기술, 연구, 경쟁제품의 분석, 엔지니어와 고객과의 만남 등 전문성 확대와 개발에 할애 |
| 규제형 | • 구체적으로 규정된 정책, 절차, 그리고 보상시스템 개발 | • 연공서열을 중시<br>• 근속연수가 많은 사람을 승진시키는 경우가 많음 | • 종업원들에게 요구되는 행동을 강화시킴 |
| 혁신형 | • 지속적인 혁신의 분위기 조성 | • 개선되고 변화된 미래를 위한 열정과 개방성을 가진 사람 | • 전략적 오류나 단기적인 재무성과에 따른 악영향도 감수 |

출처 : Mintzberg, H. et. al., (1992). *Leadership*. 현대경제연구원 역(1998). 리더십. 서
울 : 21세기북스. pp. 162-197.

· · · · · · · · · · · · · · · · · · · · · · · · · · · · · · · · · · ·

## 03 리더십은 선천적일까? 아니면, 후천적일까?

**리더십은 발견하는 것이 아니라 계발하는 것이다.**

리더십은 선천적으로 태어날 때부터 가지고 있는가? 아니면, 리더십은 후천적으로 계발되는 것인가? 리더십의 선천성을 신봉하는 사람이 있는가 하면, 다른 요인에서 리더십의 원천을 찾는 사람도 있을 것이다. 리더십 연구자들도 리더는 선천적으로 태어나는가 (Leaders are born, not made.) 또는 학습과 훈련을 통해 후천적으로 계발될 수 있는가를 놓고 논란을 벌이고 있다.

리더란 완전히 선천적인 것도 아니고 완전히 후천적인 것도 아닌 절충형의 입장을 취하는 연구자들도 있다. 그들은 리더의 재능과 자질을 가진 사람이 학습과 훈련을 통해 리더로 발돋움할 수 있다고 주장한다.

인류학자 클라우드 레비-스트로스는 브라질 원시족 남비쿠와라족 추장의 자질을 연구한 끝에 "지도자란 선천적인 것이다"라고 단호하게 잘라 말한다. 그는 어떤 인간집단에서도 다른 구성원들과는 달리 위신을 좋아하고, 책임감이 강하고, 공적인 일을 맡는 것 자체가 보수라고 생각하는 유형의 인간이 있다고 주장하면서 원시부족의 추장을 사례로 들었다. 니콜라 마키아벨리도 "리더란 천성

적으로 타고난다. 배운다고 되는 것이 아니다"라고 주장했다.[34]

미국 육군사관학교 교장을 지낸 데이브 파머 장군처럼 "정신 분열자만 아니면 아무라도 좋다. 나한테 데려오라. 그러면 내가 그를 지도자로 만들어 주겠다"[35]라고 하면서 리더의 후천적 학습과 훈련을 강조한 사람도 있다.

허버트 사이몬은 리더십 이원론을 주장하면서 리더의 선천성과 후천성을 절충하였다. 그는 "지도자란 지성, 활력, 인화력 등과 같은 천부적 재능을 갖추고 있는 사람이 연습과 학습, 그리고 경험 등을 쌓음으로써 그 재능을 원숙한 기술로 발전시킬 때 태어나는 것이다"라고 주장하면서, 천부의 재능에 해당하는 선천성과 학습과 경험이라는 후천성이 모두 필요하다는 이원론을 피력하였다.[36]

XY이론의 창시자로 알려진 더글라스 맥그레거는 "리더십이란 특정한 사람들만 가지는 특성이 아니라 지도자와 그 환경과의 관계에 따른다"[37]라고 주장하면서 리더십에 환경적 요소를 추가하였다. 지도자로서의 탁월한 특성을 갖고 있다 해도 주어진 환경에 적합하지 않으면, 지도자가 가진 특성은 환경에 부적합하기 때문에 발휘될 수 없게 된다. 최근에는 리더의 선천성만 강조하는 것도 아니고 그렇다고 후천적인 특성만을 강조하는 것도 아닌 리더가 처한 상황과 환경을 고려한 상황론적 리더십 유형이 설득력 있게 받아들여지는 것으로 보인다.

필자 역시 리더가 선천적으로 타고난다거나 또는 후천적 노력

34 홍사중. 앞의 책. pp. 57-64.
35 김진배. (1999). 웃기는 리더가 성공을 한다. 서울: 뜨인돌. p. 28.
36 홍사중. 앞의 책. p. 59.
37 위의 책. p. 59.

만으로 가능하다는 주장을 일반화하는 것에 반대한다. 리더의 리더십이 극소수의 사람에게 부여된 마치 하늘에서 내린 선물이라는 관점은 더 이상 맞지 않는다. 만약 리더가 선천적으로 결정된다고 하면, 인간은 자유경쟁의 원칙에 따라 열심히 노력하여 성취하고 싶은 욕구가 멈추게 될 것이다. 태어날 때부터 잘 우는 새들만 운다면 숲은 너무 조용하게 되는 이치와 같다.

아브라함 매슬로우는 사람의 욕구를 다섯 단계로 구분하여 설명한다. 생리적 욕구, 안전 욕구, 사회적 욕구, 존경의 욕구, 그리고 자아실현의 욕구이다. 그의 욕구단계이론에 따르면, 사람은 가장 근원적인 생리적 욕구에서부터 고등단계인 자아실현의 욕구를 충족시키기 위해 노력한다. 대부분의 사람들이 리더의 위치에서 자신의 능력과 재능을 발휘하기 위해 노력하는 것이 기회균등을 추구하는 자유민주사회의 기본 원칙이다. 더구나 지식기반사회는 열린 사회이고 평생학습의 필요성이 중요시되는 시대이다. 그런 마당에 리더의 선천적 특성만을 강조하는 것은 뭔가 앞뒤가 맞지 않다.

남북전쟁에서 그랜트 장군과 함께 리 장군을 항복시킨 셔먼 장군이 리더십에 대해 한 말이다. "날 때부터 딱 장군감의 재목으로 태어나는 사람들이 있다는 얘기를 들은 적이 있다. 하지만 나는 한 명도 보지 못했다."[38] 리더는 리더가 된 뒤에도 장기적 관점에서 지속적으로 끊임없는 자기 계발을 하고 새로운 환경에 도전하려는 의지를 갖추어야 하는데, 타고난 선천성에만 의존하는 것은 리더십의 한계를 드러낸 것이다.

---

38 Cohen, W. A. (2000). *The new art of the leader.* 홍윤주 역(2002). 최강의 리더십. 서울: 청림출판. p. 11.

리더가 후천적인 노력만으로 가능하다고 하면, 리더의 선천성을 지나치게 무시하는 결과가 된다. 사람은 교육과 훈련, 학습을 통해 얼마든지 지식을 습득하고 기술을 배울 수 있다. 하지만 리더만의 고유한 성격적 특성과 타고난 재능 또한 무시할 수 없다. 리더의 선천성 또는 후천성만을 따지는 것은 양극단의 논리에 빠질 수 있다고 본다.

인간의 행동과 행태를 한두 마디의 명쾌한 논리로 결론내기는 불가능한 일이다. 거기에는 불가해한 수많은 요인들이 얽혀 있다. 리더십의 선천성이나 후천성을 강조하는 것만으로는 모든 상황에 적합한 리더십을 찾기 어렵다. 리더의 선천적인 특성과 후천적 노력뿐 아니라 상황적 요소들을 부가적으로 고려해야 하는 과제가 생긴다. 리더십을 깊이 공부해야 하는 이유이다.

**사색의 창**

'잠재된 리더십의 계발'

위대한 스승은 자신이 찾아낸 제자의 재능을 계발하기 위해 위험을 감수하고, 때로는 모험을 한다. 이들은 젊은 제자들과 밀접한 관계를 맺고, 정신적으로 많은 조언을 한다. 이러한 모험이 항상 성공하는 것은 아니지만, 스승의 그런 도전이 리더의 계발에 결정적인 역할을 하게 된다. 아래의 드와이트 아이젠하워와 폭스 코너 장군의 경우도 그런 경우에 해당된다.

드와이트 아이젠하워의 경우, 초기 군대 경력을 보면, 장래 발전에 대한 아무런 희망도 발견할 수 없다. 그의 사관학교 동기생들 중 일부가 제1차 세계대전 중 프랑스에서 실전 경험을 쌓고 있을 때, 그는 "단조롭고 안전한 후방에 묻혀 참을 수 없는 고통의 나날을 보냈다"고 토로했다. 아이젠하워는 제1차 세계대전 직후 자신의 미래에 대해 다소 비관적이었던 청년 장교였다. 그래서 자신이 존경하는 코너 장군 휘하에서 일하기 위해 파나마로 보내 줄 것을 요청하였으나 거절당했다.

이런 좌절은 당시 그의 장남 아이키가 독감에 걸려 세상을 떠났을 때, 그의 가슴속에 더욱 크게 사무쳤다. 군은 이에 대해 책임감을 느껴 아이젠하워를 파나마로 전출시켰고, 그곳에서 그는 죽은 아들에 대한 그리움을 가슴에 간직한 채 코너 장군 휘하에서 묵묵히 직무를 수행했다. 아이젠하워는 죽은 아이키에게 하고 싶어 했던 좋은 아버지의 역할 대신에 코너 장군의 휘하에서 좋은 아들의 역할에 전념했다. 아이젠하워는 훗날 코너 장군과 보냈던 시기를 "풍부한 지식과 경험을 갖춘 사람으로부터 영향을 받은, 군사학과 인간관계에 관한 대학원 같은 시기였다. 나는 그분에게 어떠한 말로도 표현할 수 없을 만큼 감사하고 있다. 일생 동안 많은 사람들과 교류했는데 그 중에서도 그는 내가 가장 큰 빚을 진 분이다"라고 기술하였다.[39]

· · · · · · · · · · · · · · · · · · · · · · · · · · · · · · · · · · · · · · · · · ·

---

39 현대경제연구원 역. 앞의 책. pp. 116-117.

카리스마와 리더십은 어떻게 다를까?

> 카리스마, 누구에게나 잠재해 있는 아주 특별한 특성이다.
>
> -로저 도슨-

대부분의 사람들은 리더라고 하면 카리스마를 떠올린다. 리더는 일반인들과는 다른 카리스마를 가지고 뭔가 끌리게 하는 매력적인 요인들이 있어야 한다고 말한다. 일리 있게 들리는 말이지만 리더십과 카리스마를 일대일 대응관계로 보기는 곤란하다. 카리스마가 리더십의 하나의 중요한 요소라고는 하지만, 이것이 곧 리더십이라는 것은 결코 아니다. 사람들이 부러워하는 카리스마의 신화를 깨트려야 할 때이다. 카리스마의 짙은 안개에 갇혀 있으면 리더십의 참 모습을 볼 수 없다. 카리스마가 없어도 얼마든지 리더가 될 수 있다. 카리스마는 상호주관적인 것이다. 친구는 카리스마로 생각하지만 나는 다르게 생각할 수 있다.

사람마다 '카리스마'라고 하면 머릿속에 재빨리 떠오르는 인물이 하나, 둘쯤 있을 것이다. 대화하면서 등장하는 단골 단어 역시 카리스마다. 카리스마는 남과 차별되는 자신만의 매력을 발산하는 문화예술계의 인물들을 평가할 때 흔히 등장하는 평가 항목이기도 하다. 사람들이 카리스마를 선호하기 때문에 제품에도 카리스마 브랜드를 붙여 마케팅을 한다.

카리스마의 본질을 알면 누구나 쉽게 소유할 수 있는 것은 아닌 것 같다. 어원에 따르면, 카리스마(charisma)는 그리스어의 아름다운 선물 또는 종교적으로 신의 은총이라는 의미이다. 어원적으로 카리스마는 선천적으로 몸에 지니고 태어난다.[40] 이를테면 병자를 치유하는 능력이나 미래를 예언하는 신비롭고 아주 특별한 재능을 말한다. 로저 도슨은 카리스마의 특성을 3가지로 설명한다. ① 잘 모르는 누군가에게까지 맹목적인 호감을 주는 아주 보기 드문 특성이다. ② 사람들이 따르고, 주변에 몰려들며, 영향을 받고 싶어 하도록 만드는 불가해한 특성이다. ③ 어떤 어려운 상황에서도 함께 있고 싶도록 만드는 형언하기 어려운 특성이다.[41]

막스 베버는 카리스마를 이렇게 정의한다. "카리스마는 한 개인의 인격에 있어 특별한 자질을 두고 하는 말로서, 이 자질로 인해 그는 보통사람과 달라지며 초자연적, 초인간적, 또는 적어도 특별히 비상한 힘 또는 재질을 천부적으로 지니고 있는 것으로 여겨진다." 카리스마를 가졌다는 것은 신의 은총으로 부여된 불가사의한 능력으로서 그것을 세속세계에서 실현시키는 초능력을 소유하였다는 의미이다. 일반 사람이 볼 때는 믿을 수 없는 기적과 같은 무엇이며 비합리적인 그 어떤 것이다.[42]

베버는 카리스마를 사회적인 의미로 확대하여 법과 전통에 이은 권위의 한 형태로도 파악하였다. 베버에 따르면 어떤 사람이 카

40 홍사중. 앞의 책. pp. 49-52.
41 Dawson, R. (1988). *Secrets of power persuasion*. 박정숙 역(2003). 설득의 법칙. 서울: 비즈니스북스. pp. 278-280.
42 Tilly, C. (1978). *From mobilization to revolution*. 진덕규 역(1995). 동원에서 혁명으로. 서울: 학문과 사상사. pp. 70-74.

리스마를 가지고 있다는 것은 추종자가 그 사람이 가진 카리스마를 지각하고 영향을 받는 것이라고 보았다.[43] 어떤 사람이 자신은 특별한 카리스마를 가지고 있다고 주장하여도 다른 사람들이 그것을 지각하지도 영향을 받는 일도 없다면 그 카리스마는 허구일 수 있다.

카리스마의 특성이 신비적인 측면이 있고 합리적으로 설명할 수 없는 그 무엇이기 때문에 카리스마를 소유한 사람은 그 카리스마가 독특한 자산인 동시에 부채가 될 수도 있다. 특출한 카리스마를 가진 리더를 따르는 추종자는 그에게 냉혹한 사실을 들이밀지 못할 수 있다. 추종자들이 냉혹한 사실들을 걸러 카리스마가 있는 리더에게 말할 경우 문제가 생긴다.[44] 특출한 카리스마를 소유한 사람으로 윈스턴 처칠을 꼽는 데 주저하지 않는다.

윈스턴 처칠은 제2차 세계대전을 지휘하면서 자신의 독특한 성격(카리스마)이 초래할 수 있는 문제를 이해하고 그것을 보완하려고 노력하였다. 그의 카리스마 때문에 전쟁 가운데 나쁜 소식이 좋게 변형되어 자신에게 전달될까 염려하였다. 그는 전쟁 초 공식 명령 계통을 벗어난 조직으로서 통계부라는 완전히 독립적인 부서를 만들었다. 통계부의 1차적인 역할은 처칠에게 냉혹하고 불편한 현실을 조금도 가감 없이 보고하는 것이었다. 처칠은 종전까지 오로지 사실만을 물었고 이 특별부서를 크게 신뢰하였다.[45] 카리스마를 가진 사람의 입맛에 맞는 정보만 알려주고 그렇지 않은 것을 보고하지 않으면 리더가 지닌 카리스마가 오히려 재앙의 원인을 초래할

---

43 Hoy, W. K., & Miskel, C. G. 앞의 책. p. 410.
44 이무열 역. 앞의 책. pp. 117-118.
45 위의 책. p. 118.

수도 있다. 처칠의 리더십은 짐 콜린스가 《좋은 기업을 넘어 위대한 기업으로》에서 언급한 리더십의 정의를 실천에 옮긴 것이다. "리더십이란, 진실이 들리고 냉혹한 사실이 들이밀어지는 분위기를 만드는 것이다."

카리스마는 우리말의 위엄46과 비슷한 의미를 지니고 있다. 위엄이란 우리의 마음에 작용하는 일종의 감화작용이다. 이 감화는 우리의 모든 비판적 능력을 마비시키고 경탄과 존경으로 우리의 마음을 채운다. 카리스마는 하나의 특별한 인간적인 매력이며 개인적인 자력이다. 무엇보다 그것은 다른 사람들이 리더의 비전을 받아들이고 그것을 열정적으로 따르게 만드는 개인의 능력이다.47 알고 보면 카리스마는 지극히 대중적이다. 누구나 개인의 훈련과 노력에 따라 얼마든지 카리스마를 계발될 수 있다.

사람들은 카리스마를 지닌 사람이 리더로서도 성공할 수 있을 것이라고 생각하는 경향이 짙다. 카리스마와 리더십은 정비례의 관계가 아니다. 성공하니까 카리스마를 가지고 있는 것처럼 보이는 것이지, 카리스마를 가지고 있다 해서 성공하는 것은 아니다. 카리스마는 성공적인 리더십을 발휘하기 위한 하나의 요소는 될 수 있을지언정, 성공을 좌우하는 결정적인 요소는 아니다. 카리스마와 성공은 절대적인 인과관계가 성립하지 않는다.

고인이 되신 노무현 대통령은 이마에 한자 한 일(一)자 모양의 굵은 주름살이 있었다. 그분이 국가의 지도자로 대통령이 된 다음 그 주름살은 대통령의 특별한 신체적 특징으로 인구에 회자되었고

---

46 홍사중. 앞의 책. p. 54.
47 위의 책. p. 50.

혹자들은 대통령의 주름을 그의 카리스마의 징표로 생각했다. 그분이 대통령 후보로 머물고 말았다면 그 주름살은 카리스마의 상징으로 받아들여지지 않고 '젊은 시절 고생을 많이 해서 생긴 흔적'으로 생각했을 수도 있다.

선천적으로 카리스마를 가지고 태어난 사람만이 출중한 리더십을 발휘한다면, 이를 신봉하는 사람들은 지극히 리더십의 결정론(determinism)에 집착하는 것이다. 아리스토텔레스적인 입장이다. 결정론은 "사람은 태어나는 순간부터 추종자와 지배자로 운명지워진다"[48]라고 보고 있다. 리더는 선천적으로 타고 난다고 생각하는 것이다.

사람들은 카리스마를 좋은 방향으로 생각하는 경향이 많지만 결과론적으로 보면 오히려 그 반대인 경우가 많다. 역사적 인물 가운데에는 카리스마를 가지고 있었지만, 그것을 잘못 사용하여 엄청난 폐해를 남긴 사례가 많았다. 대표적으로 아돌프 히틀러를 꼽을 수 있다. 그는 자신만의 카리스마를 가지고 있었지만 동시대 사람들과 그 후대에까지 되돌릴 수 없는 피해와 끔찍한 유산을 남겼다. 다행하게도 인류 역사를 보면 카리스마를 소유한 사람들보다는 특별한 카리스마는 지니고 있지 않지만 높은 수준의 도덕성과 인류애로 인류의 복지와 평화에 기여한 사람이 훨씬 더 많다.

---

48 윤정일 외. 앞의 책. p. 97.

사색의 창

'카리스마의 특징'

1. 카리스마는 상대의 마음을 사로잡는 아주 특별한 기술이다.
2. 카리스마는 잘생긴 외모와는 별 상관이 없다.
3. 막스 베버는 카리스마가 법률과 전통 다음으로 중요한 권위라고 주장했다.
4. 카리스마는 사람이 의사소통을 하는 데 55%나 차지하는 비(非)언어적
   형태의 능력이다.
5. 인간은 타인의 감정을 읽는 능력을 가지고 있지만, 언어에 대한 집착 때
   문에 그 능력을 오랫동안 억압해 왔다.
6. 반대의 경우를 살펴보면 우리는 카리스마를 잘 이해할 수 있다. 우리는
   자기중심적인 사람을 싫어한다. 진정한 카리스마를 가진 설득의 달인이
   되려면 자신을 넘어서 주변 사람을 아우르려는 노력이 필요하다.49

---

49 박정숙 역. 앞의 책. p. 284.

리더와 관리자의 차이점은 있는가?

> 관리자란 일을 올바르게 처리하는 사람이지만,
> 리더란 올바른 일을 하는 사람이다.

리더와 관리자는 어떻게 다를까? 구체적으로 어떤 차이가 있을까? 대부분의 사람들은 리더와 관리자는 그들이 가진 특성이나 성격에 있어 다를 것이라는 막연한 느낌을 갖고 있지만, 리더와 관리자란 용어 자체를 혼용하여 사용하고 있지 않나 싶다. 연구자들에 따르면, 리더와 관리자는 조직에서의 역할과 기능에 있어 뚜렷한 차이가 난다. 관리자와 리더는 여러 관점에서 크게 다르다.

조직의 입장에서는 리더와 관리자 모두를 필요로 하지만, 관리는 넘치고 리더십은 부족한 실정이다. 뒤집어 말하면, 관리자는 쉽게 찾을 수 있지만 리더로서 적합한 인물을 찾기 어렵다는 뜻이다. 조직을 놓고 볼 때 관리와 리더십의 두 기능은 그 고유한 역할이 설정되어 있고 상호 보완관계에 놓여 있다. 어느 한 쪽의 기능이 우위에 있다거나 중요하다고 단정 짓는 것은 무리이다. 어느 조직에서 리더십의 기능과 관리의 기능이 어느 한쪽으로 치우쳐 있다고 한다면 균형적으로 바로잡아 나가야 한다. 그런 불균형은 조직을 기형적 또는 편향적으로 만들 수 있다. 리더와 관리자의 차이에 대해 명확히 할 필요가 있다.

아브라함 잘레즈닉과 존 코터는 관리와 리더십을 비교한다. 잘레즈닉에 따르면, 관리자와 리더는 조직목표에 대한 태도, 업무의 개념, 인간관계에 대한 태도, 자아개념에 있어 서로 다르다.[50] 코터 역시 리더와 관리자의 기능을 엄격하게 구분한다. 리더는 방향설정, 인적 자원의 집중화, 동기부여 및 사기진작의 역할을 하고, 관리자는 기획 및 예산, 조직 및 충원, 통제 및 문제해결의 역할을 한다. 먼저 잘레즈닉의 리더와 관리자에 대한 비교를 구체적으로 살펴보자.

첫째, 조직목표에 대해 서로 다른 태도를 보인다. 관리자의 목표는 자신의 욕구보다는 조직의 필요성에 의해 발생하며 기존 질서를 유지하고 이를 통해 보상을 받으려고 한다. 반면에, 리더는 목표에 대해 적극적인 태도를 보이며, 조직이 발전할 잠재적 기회를 찾아내어 이를 통해 보상을 받는다.

둘째, 업무에 대한 태도에 있어서도 다르다. 리더의 업무태도는 ① 사람들을 분별하게 할 수 있도록 자신의 아이디어를 이미지화해야 한다. 그리고 그런 이미지가 구체화될 수 있는 기회를 많이 만들어야 한다. ② 리더의 업무는 항상 위험이 뒤따른다. 어느 정도 기회와 보상이 보장된다면, 기꺼이 위험을 감수하려는 경향이 강하다. 따라서 리더에게 있어 일상적인 일들은 때때로 고통이 될 수 있다. ③ 아이디어에 관심을 갖고 보다 직관적이고 감정이입적인 방법을 선호한다. ④ 일과 의사결정이 구성원들에게 '무엇을' 의미하는가에 관심을 갖는다.

이에 비해 관리자의 업무태도는 ① 전략수립이나 의사결정에

---

50 현대경제연구원 역. 앞의 책. pp. 96-126.

도움이 되도록 아이디어와 사람들이 결합하는 과정에 관심을 갖는다. ② 상대방과의 이해관계를 분석하거나 모순된 문제가 드러날 때 해결방안을 계획하고, 조직 내 긴장을 완화시킴으로써 업무 과정에 도움을 준다. ③ 교섭과 협상을 하면서 다른 한편으로는 보상과 처벌 또 기타 강제적인 방법도 병행한다. ④ 모험심보다 생존 본능이 강하기 때문에, 일상적이고 습관적인 일들을 잘 참아내며 오히려 좋아한다. ⑤ 서로 갈등을 빚고 있는 가치관들 중 타협이 가능한 해결방안 쪽으로 힘의 균형을 이동시키려고 한다. ⑥ 규정된 역할에 충실하고, 일이 '어떻게' 수행되는가에 관심을 갖는다.

리더와 관리자의 업무태도는 여러 측면에서 차별화가 되는 것으로 나타난다. 리더는 위험감수를 하면서라도 자신의 아이디어를 구체화하기 위한 기회를 만들기 위해 때에 따라서는 기꺼이 모험을 감행하면서 조직에 비전과 방향을 제시한다. 반면에, 관리자의 경우에는 일을 관리하고 해결하고 타협하려는 경향을 보이기 때문에 현실을 직시한다고 하겠다.

셋째, 인간관계에 대한 태도에 있어 리더와 관리자는 차이가 있다. 리더에게 있어 감정이입이라는 것은 단순히 타인에게 관심을 보이는 것만은 아니다. 감정이입은 상대방의 감정적 신호를 이해하고 타인과의 관계를 의미 있게 만드는 것으로 생각한다. 리더는 풍부한 감정을 갖고 있으며, 강한 동질감이나 이질감, 또는 애증의 감정을 이끌어 낸다. 이러한 유형의 리더가 두드러지는 조직 속에서는 인간관계가 무질서하게 보이거나 심지어 혼란스러울 수 있다. 그러나 한편으로 이런 분위기는 구성원의 개인적인 동기를 자극하고 사기를 북돋아 뜻밖의 생산적, 창의적 결과를 가져올 수도 있다.

관리자의 인간관계에 대한 태도는 어떨까? 관리자는 가능한 감정이입의 관여수준을 낮게 유지하면서 업무활동이나 의사결정 과정에서 규정된 역할에 충실한 사람들이며, 어떻게 일이 수행되는가에 관심을 갖는다.

넷째, 리더와 관리자는 자아개념에 있어서도 차이가 나타난다. 자아개념 또는 자아상이란 자아에 대한 태도를 가리킨다. 인간은 다른 사람들과 상호작용하면서 여러 가지 태도를 형성하는데 이때 자신에 대한 태도를 형성하게 된다. 자아에 대한 태도, 즉 자아개념은 개인의 심리적 조화감뿐만 아니라 행동에도 영향을 미친다. 칼 로저스는 이를 "자기가 자기 자신을 보는 특성의 전체 및 그러한 특성에 대한 긍정적, 부정적 판단이다"라고 한다.[51]

리더는 조직 내에서 일을 하지만 감정상 결코 조직에 완전히 소속되어 있지는 않다. 또한 다른 조직 구성원들이나 상대방의 업무 역할, 사회적 지표에 쉽게 의존하지 않는다. 리더의 삶은 고난의 연속이며 여유로운 삶을 영위하지 못한다. 반면에 관리자는 자신과 일체감을 느낄 수 있고 이로부터 보상을 쉽게 받을 수 있는 기존질서를 유지하고 지키려고 한다. 그들의 자아개념은 기존의 제도를 지속하고 강화함으로써 향상된다. 따라서 관리자는 삶이 순탄하고 굴곡도 거의 없다.

뿐만 아니라 혼란과 질서를 어떻게 생각하느냐에 대해서도 차이가 있다. 리더는 조직에 중요한 문제가 발생하였을 때, 성급하게 그 상황을 해결하기보다는 혼란과 갈등이 있더라도 조직이 자연스럽게 문제해결의 대안을 찾아낼 수 있도록 한다. 반면, 관리자는 질

51 임승권. (1992). 교육심리학. 서울: 양서원. p. 202.

**표 1-4** 관리와 리더십의 차이

| 리더십(leadership) | 관리(management) |
|---|---|
| ▪ 방향 설정<br>- 비전을 개발하고 이를 성취할 수 있는 전략개발. | ▪ 기획 및 예산 기능<br>- 목표달성을 위한 세부단계 및 일정계획 작성, 이에 따른 예산 배정. |
| ▪ 인적 자원의 집중화<br>- 조직원들에게 말이나 행동으로 조직이 나아갈 방향을 제시하여, 비전과 전략을 이해하고 실행하고자 하는 혁신지도부나 팀을 구성. | ▪ 조직 및 충원 기능<br>- 계획 집행을 위해 조직의 얼개를 짜고 사람을 배치.<br>- 책임과 권한을 위양하고 내부규정과 절차를 만들며 성과측정을 위한 방법 개발. |
| ▪ 동기부여 및 사기진작<br>- 조직원의 욕구를 만족시켜 줌으로써 정치적이거나 관료주의적인 저해요인, 자원의 한계를 극복하도록 독려함. | ▪ 통제 및 문제해결 기능<br>- 얻어진 결과와 처음 계획과의 차이를 검토, 이에 따른 문제점 해결. |

출처 : 한정곤 역. 앞의 책. p. 45.

서와 통제를 추구하면서 혼란이 야기될 것으로 생각되면 무리하게 문제를 해결하려고 한다.

코터는 관리와 리더십을 역할과 기능 차원에서 비교하면서 관리와 리더십이 다른 이유를 명확하게 보여주었다. 그는 관리란 사람과 기술로 복잡하게 얽혀 있는 체계를 유연하게 움직이게 하는 일련의 과정으로 정의하였다. 이와 반면에 리더십은 급변하는 조직의 외부환경에 따라 조직을 새로 만들거나 바꾸어 나가는 일련의 과정으로 보았다. 그는 혁신을 성공적으로 추진하기 위해서는 70~90%의 리더십이 필요한 반면, 관리는 10~30% 정도만 필요하다고 주장한다.[52] <표 1-4>에서 코터는 관리와 리더십에 대해 명확한 비교를 하고 있다.

<표 1-4>에서 보는 바와 같이 관리자는 기획, 예산, 인사배

---

52 한정곤 역. 앞의 책. p. 46.

치, 통제 등의 기능을 주로 하고, 리더는 조직이 나아갈 방향과 그것에 따른 전략을 설정하고 동기와 사기를 진작시킨다. 관리자는 조직의 과거와 현재를 관리하고, 리더는 관리자가 탄탄하게 관리한 조직을 바탕으로 미래의 대양을 항해하는 선장에 다름없다 하겠다.

잘레즈닉과 코터의 관리자와 리더에 대한 차이 분석을 통해 사람들이 일반적으로 생각하는 리더와 관리자에 대한 관점과는 많은 차이가 있음을 알 수 있다. 그런 점에서 그들의 리더와 관리자에 대한 비교분석은 리더와 관리자가 서로 다른 가치관과 관점을 가지고 있음을 명확하게 알게 한 매우 유익한 자료를 제공하였다고 생각된다.

리더와 관리자의 차이점을 통해 혹자들은 리더는 도전적이고 미래지향적인 성향을 지닌 것으로 보는 반면에, 관리자는 현상유지를 통한 현실주의자로만 보는 이분법적 사고를 할 수 있는데 오해의 소지가 있다고 본다. 조직에서 리더와 관리자는 똑같이 중요하다. 조직에서 리더만 중시한다던지 관리자만을 우대한다면 그 조직은 지속적인 발전을 보장할 수 없다. 리더와 관리자의 바람직한 관계는 배타적이 아닌 상호보완적이어야 할 것이다.

예를 들어, 우리나라 행정부의 대통령과 총리의 역할을 보기로 들어보자. 대통령제 아래에서 누가 국가의 지도자여야 하겠는가? 당연히 대통령이다. 국가의 지도자는 국정의 비전과 방향을 제시하고, 국민들에게 꿈과 희망을 심어주어야 한다. 대통령 아래 서열인 총리는 내각을 관리하면서 국가 지도자가 다음 단계로 나아가도록 조력자의 역할을 해야 할 것이다. 뛰어난 리더가 있는 곳에는 뛰어난 관리자가 있기 때문에 가능하다.

이제 리더와 관리자는 여러 가지 관점에서 차이가 있다는 것을 이해하였다. 교육자도 온전히 리더이다. 그럼에도 대부분의 교육자들은 단지 학교와 교실을 관리하고 유지해 나가는 것으로 그 역할을 제한하고 있지는 않은지 생각해 볼 일이다. 리더로서 교육자는 교육 리더십을 실천할 기회가 많은 직업에 속한다. 학습자들은 지식을 전수하거나 전달하는 교육자가 아닌 교육 리더십을 실천하는 교육자를 기대한다. 교육자가 실천하는 리더십의 영향을 받은 학습자가 내면의 변화를 통해 그가 지닌 고유의 잠재성과 가능성을 확인하고 계발할 수 있다면 얼마나 큰 보람이겠는가.

교육기관에서도 중앙정부나 교육부, 교육청 관할 체제에서 벗어나 단위학교 책임운영제(school-based management)를 활성화 하려는 시도가 이루어지고 있다. 자립형 고등학고, 자율형 고등학교, 특수목적고등학교, 혁신학교, 다양한 유형의 대안학교 등은 제도권의 교육체제와 다른 교육내용과 방식을 시도하는 새로운 교육생태계로 볼 수 있다. 교육환경의 변화에 따른 교육생태계가 바뀌면서 교육자의 교육 리더십을 촉구한다. 공교육의 뼈대 역할을 담당하는 단위학교만 보아도 학교장은 리더보다는 관리자로서의 역할에 충실하고, 교감을 비롯한 교사들은 보조 관리자의 역할에 머물고 있지 않나 싶다. 학교장을 관리자 차원에 머물게 한 데에는 많은 요인이 있겠지만, 중앙통제적 교육행정과 평준화 정책이 큰 영향을 미치고 있다. 무엇보다 중앙정부에 대한 교육재정 의존도가 크기 때문이다. 중앙정부에 의존이 높다보면 간섭과 통제를 받을 수밖에 없다. 학교장의 입장에서는 주어진 예산범위 내에서 운영지침과 내부의 규정에 따라 학교를 관리하면 그만이다. 평준화 실시로 학교

간 경쟁이 없는 상태에서 굳이 모험을 해가면서 학교를 변화시키려 하기보다는 현상유지에 관심을 둘 수밖에 없다. 사립학교조차 중앙 또는 지방정부로부터 교육재정의존도가 높아 준공영체제의 학교로 전락하여 고유한 건학이념을 살려 학교를 운영하지 못하는 실정이다.

 **사색의 창**

'리더와 보스의 차이'

| 보스 | 리더 |
| --- | --- |
| 직원을 부린다. | 직원을 지도한다. |
| 권위에 의존한다. | 선의에 의존한다. |
| 두려움을 일으킨다. | 열정을 일으킨다. |
| '내가'라고 말한다. | '우리가'라고 말한다. |
| 실패의 책임을 묻는다. | 실패를 고쳐준다. |
| 일이 성취될 수 있는 방법을 안다. | 그 방법을 제시한다. |
| '네가 가라'고 말한다. | '함께 갑시다'라고 말한다. |

출처: 강준민 역. 앞의 책. p. 31.

Chapter 02

# 권위, 권력, 영향력에 대하여

리더란 어떤 사람을 두고 하는 말인가? 지위가 높은 사람인가? 권위가 있는 사람인가? 권력이나 권한이 센 사람인가? 아니면 영향력이 큰 사람인가? 그렇지 않다면 지위, 권위, 권력, 영향력을 모두 갖춘 사람이 리더인가? 대개 사람들은 리더라고 하면 지위가 높고 권력이 많은 사람이라고 생각한다. 현실적으로도 조직에서 지위가 높고 권력이 많은 사람이 자신을 리더로 자리매김하고 있다. 그런 관점에서라면 단위 교육기관의 장은 지위가 가장 높고 많은 권력을 가지고 있기 때문에 리더라고 볼 수 있다. 이제 리더에 대한 개념 자체를 바꿔야 할 때이다. 지위가 높고 권력이 많은 사람이 리더가 아니라 오히려 영향력이 많은 사람이 리더이다. 교육기관장이라고 해서 반드시 리더가 될 수 없다. 교육기관장보다 더 영향력이 많은 교육자가 리더가 될 수 있다.

대부분의 사람들은 리더십과 관련하여 중요한 키워드가 되는 권위, 권력, 영향력에 대해 혼란스럽게 생각한다. 개념이 서로 겹치고 혼선을 일으켜 갈팡질팡하게 생각한다. 리더십에 대한 개념을 제대로 파악하기 위해서는 이 세 가지 용어를 명확하게 구분할 필요가 있다. 명확한 개념을 설정하게 되면 리더가 지향해야 할 방향과 목표 역시 자연스럽게 설정될 수 있다.

진정한 리더십이란 권위를 능가한다. 그것은 기술적인 훈련을 받거나
적절한 절차를 따르는 그 이상의 무엇이다.

-존 C. 맥스웰-

나이 지긋한 사람들이 연령이나 사회적 지위의 높고 낮음에
따라 위신이 선다, 서지 않는다고 말하는 것을 듣는다. 위계질서와
서열을 중시하는 유교 문화권에서 개인의 사회적 위신, 즉 개인이
체면을 세우는 문제는 매우 중요한 문화적 요소이다. 자녀가 잘 되
면 부모의 위신을 세우고 체면치레를 한 것이다. 자녀가 허튼 짓을
하여 부모나 가문에 불명예를 끼쳤을 경우에는 위신과 체면을 떨어
트린 것이다. 서양의 권위는 동양의 위신이나 위엄으로 대체할 수
있다.

영어로 권위란 authority라고 하는데, 라틴어의 Autoritas에서
유래하였다. Auctor(창조자, 창업자, 선구자 등)의 활동 또는 재산에 기
초한 개인적인 영향력을 의미한다. 오늘날에는 특정인이 개인 또는
집단을 상대로 행사하는 영향력과 지배권을 의미하는 것으로 통용
되고 있다.[1]

---

1 김호진. (1996). 한국정치체제론(전정 6판). 서울: 박영사. p. 99.

예시를 들어 권위를 설명해보자. 고려대학교에서 홍릉 방향 천변에 순대 전문 식당이 있는데 이름이 오소리(吾小利)다. '내가 이익을 적게 남긴다'라는 의미를 나타내는 식당 이름이지만 권위와 연관 지어 생각하면 깊은 뜻이 있다. 손님에게 맛있는 순대를 제공하고 저렴한 값을 받는다. 요즘 말로 가성비가 높고 박리다매의 마케팅 전략을 구사하고 있는 셈이다. 오소리가 영어식 권위를 나타내는 authority(오소리티) 발음에서 세 음절이 같다. 식당 주인이 권위를 가지려면 저렴한 가격에 맛있는 음식을 고객에게 서비스하는 것처럼, 상사는 부하보다 적게 이익을 취했을 때 상사의 권위가 생기는 법이다. 상사가 지위나 권력을 이용하여 이익을 많이 취하는 오대리(吾大利)가 되면 그 상사의 권위는 도전받게 될 것이다.

권위는 생산적이고 긍정적인 것과 관련된다. authorities라고 하면 합당한 권위를 가진 (정부)당국을 의미한다. 반면 권위주의 또는 권위주의자라고 할 때의 authoritarian은 억압적, 부정적 가치를 대표하는 인물 또는 제도를 말한다. 정당한 권위의 뒷받침 없이 권력을 행사하는 것을 뜻한다.[2] 사실 권위를 정당하게 사용하는 것이 결코 쉽지 않다. 권위를 아전인수격으로 해석하고 오남용하게 되면 권위주의자의 나락으로 빠지기 쉽다.

권위와 권위주의자와의 구분은 쉽기 때문에 굳이 논할 필요를 못 느끼지만 권위주의자의 특징을 나열한다.[3] ① 인습과 관례, 전통에 얽매여 자신들이 지켜오고 믿어온 것에 전혀 의심을 품지 않고, 오히려 그런 인

---

2 홍사중. 앞의 책. p. 31.
3 위의 책. pp. 38-39.

습을 남에게까지 강요한다. ② 자기보다 힘 있는 사람에게는 복종하고 자기보다 약한 사람은 업신여긴다. 따라서 사회에서든 집단에서든 힘이 있다면 무조건 그의 권위를 인정하고, 그 권위를 무조건 따른다. ③ 자기가 믿는 권위를 따르지 않는 사람을 그냥 놔두려 하지 않는다. 모든 것을 지배와 복종, 강자와 약자, 지도자와 복종자로 갈라서 생각한다.

학자들은 권위에 대한 정의를 다양하게 유형화시켜 설명한다. 그만큼 권위에 대한 개념은 광의적인 것이다. 베버, 고든, 바나드의 권위 유형에 대해 살펴본다.

 사색의 창 • • • • • • • • • • • • • • • • • • • • • • •

'대통령의 권위'

아이젠하워 대통령이 댈러스 국무장관을 데리고 파리의 미국 대사관저에 묵고 있을 때의 얘기다. 댈러스 장관의 경호원이 자기 상관을 만나러 방에 들어갔더니 뜻밖에도 잠옷 차림을 한 대통령이 몹시 흥분한 목소리로 그에게 소리치는 것이었다. "도대체 이놈의 댈러스는 어디 있는 거야?" 경호원이 말을 못 한 채 서 있자, 다시 대통령의 호통이 떨어졌다. "제기랄, 댈러스가 어디 있냔 말이야! 꼭 필요할 때면 댈러스도 딜론 대사도 찾을 수가 없단 말야!" 경호원은 댈러스 장관이 아마도 프랑스 외무부에 가 있는가 보다고 더듬거리면서 말했다. 그러면서 댈러스 장관이나 대사가 없다고 해서 대통령이 이처럼 난리를 피우니 얼마나 중요한 국사가 지연되고 있는가 궁금해지기도 했다.

아이젠하워 대통령은 거의 히스테리 증세를 일으킨 듯이 방안을 껑충껑충 뛰다시피 하더니 어느 한 순간 굳은 사람처럼 그 자리에 우뚝 서서 아무 말도 없었다. 한참을 그러더니, "도대체, 대사는 어디에다 시바스 리갈을 넣어

두지?"라고 묻는 것이었다. 이때부터 그 경호원은 어떤 훌륭한 인물도 존경하지 않게 됐다고 한다.[4]

## 1) 베버(Max Weber)의 권위 유형

막스 베버는 권위를 추종자들이 자발적으로 복종하는 지배의 형태로 보고 카리스마적 권위(charismatic authority), 전통적 권위(traditional authority), 합법적 권위(legal authority)[5]의 세 가지로 유형화하였다.

첫째는 카리스마적 권위이다. 이 권위 유형은 지도자의 개인적인 매력과 특별한 자력이 대중을 이끄는 사회적 지배의 형태를 말한다. 역사적으로 이 유형에 적합한 인물은 인도의 마하트마 간디가 아닌가 싶다. 간디의 말 한마디 행동 하나하나는 대중들에게 엄청난 호소력과 설득력을 가졌다. 간디는 비록 왜소하고 바짝 말라 체구도 볼품없었지만 그가 추구하는 대의에 따르는 수많은 대중들을 보면 그에게서 대중을 끄는 설명할 수 없는 특별하고 신비한 힘을 느낀다.

교육기관에서도 학습자들이 특별한 매력이나 개인적인 자력을 소유한 교육자들을 잘 따르는 것을 볼 수 있다. 교육자 개인의 카리스마적인 권위에서 비롯된다. 어떤 교실의 학습자들은 담임 선생

---

4 위의 책. pp. 31–32.
5 Hoy, W. K., & Miskel, C.l G. 앞의 책. pp. 217–219 ; 왕기항. 앞의 책. pp. 85–87.

님의 말을 잘 듣는 반면, 다른 교실의 학습자들에게 담임 선생님의 말이 먹히지 않는 경우가 있는 것을 보면, 교육자 개인의 카리마스적인 매력도 부러운 자산임에 틀림없다.

둘째는 전통적 권위이다. 전통적 권위는 개인이 자신의 능력이나 재능과는 상관없이 세습적으로 지위를 이어받아 생기는 지배형태이다. 왕권 시대의 군주나 아프리카 부족의 추장과 같은 지도자는 개인의 능력과는 상관없이 추종자들이 복종하기 때문에 주종 관계가 형성된다.

군주제나 왕정 시대의 계급사회에서는 개인의 능력과는 상관없이 태어날 때부터 사회적 지위와 신분이 고정된다. 사회학 이론에서 사용하는 귀속 지위를 갖는다. 개인이 어떤 부모를 만나느냐에 따라 일생을 어떻게 살아가느냐가 결정된다. 요즈음 금수저, 흙수저 논란과 그 맥을 같이 한다. 어머니 뱃속에서 태어나기 전에 이미 일생 동안 살아갈 자신의 삶의 모습이 결정된다. 세계사적으로 그런 왜곡된 계급질서를 타파하려는 저항운동이 도처에서 빈번하게 일어났음을 잘 알고 있다.

우리나라에서도 왕조시대의 신분세습구조에 대한 불만을 외부로 표출한 신분해방운동이 일어나 지배계급에 경종을 울리곤 하였다. 고려 중기 만적의 난(1198년)은 "왕후장상이 어찌 원래부터 씨가 있겠는가! 때가 오면 누구든지 다 할 수 있는 것이다"라고 선동하면서 일어난 노예반란으로 고착화된 신분구조를 타파하려는 대표적인 계급타파운동이었다.[6] 로마의 신분해방운동이었던 스타르타쿠스 노예해방운동(BC 73-71)은 로마 사회에 큰 영향을 미친 사건

6 정성희. (2000). 인물로 읽는 고려사. 서울: 청아출판사. pp. 330-332.

으로 기록되었다.[7] 민주주의와 인권을 전 세계에 수출하고 지구상의 대표적인 민주주주의 국가를 자임하는 미국조차도 1950년대에 이르러서야 교육의 영역에서 유색인들에 대한 차별을 철폐하였다. 1954년 미국 연방대법원은 판결을 통해 공교육 분야에서 분리평등원리(separate-but-equal doctrine)를 위헌으로 판시하였다. 물론 대법원 판결 이후로도 유색인이 백인학교에서 공부하기까지는 상당한 진통이 따랐고, 더구나 유색인들의 사회경제적 신분과 지위보장은 훨씬 더 많은 시간과 갈등을 필요로 하였다.[8]

오늘날 국가의 통치구조가 민주 대의제로 바뀌면서 전통적인 권위구조가 그 세력을 잃었지만, 일부 국가에서는 여전히 형식적으로나마 전통적인 권위구조를 유지하는 국가들이 있다. 영국, 덴마크, 스웨덴 등 왕정통치의 전통이 강한 유럽 국가들과 아시아의 일본, 태국 등 일부 국가들은 아직도 명목상이지만 국왕체제를 유지하고 있다. 인도는 카스트 제도를 법률적으로 폐지했지만 사회문화적으로 신분계급사회를 구축하고 있다.

전통적 권위를 교육기관에 적용하면, 교육자의 전통적 권위는 학습자의 부모 또는 조부모가 교육자의 권위를 수용하였기 때문에 학습자로부터 인정받는다고 볼 수 있다. 학습자의 입장에서는 자신의 부모나 조부모도 교육자를 따르는 모습을 보면서 자신도 그렇게 해야 한다는 것을 알고 있다.

세 번째는 합법적 권위이다. 리더는 국민이 동의한 법으로 보

---

7 Nanami, Shiono. (1994). *Roman story 3*. 김석희 역(2012). 로마인 이야기. 서울: 한길사. pp. 233–238.

8 Zinn, H. (1980). *A people's history of the United States*. 조선혜 역(1986). 미국민중저항사 Ⅱ. 서울: 일월서각. pp. 186–217.

장된 합법성에 의해 권위를 행사한다. 리더의 권위가 법적으로 보장된 민주적인 권위구조이다. 국가를 대표하는 대통령 또는 총리, 교육기관을 포함한 공공기관의 리더들은 법적으로 위임되고 정통성에 입각한 권위를 갖게 된다. 합법적 권위의 형태에서는 개인의 카리스마라든지 선천적으로 세습된 지위와는 무관하다. 개인의 능력과 노력에 따라 얼마든지 합법적 권위를 성취할 수 있다. 전통적 권위에서 언급한 귀속지위보다 성취지위를 강조한다. 합법적 권위는 개인의 출생배경, 신분, 선천적 능력보다는 개인의 후천적 노력과 성취를 강조하는 자유민주주의 체제의 권위구조를 형성하고 있다.

합법적 권위는 교육기관에서 학습자들에 대한 상벌의 형태로 나타난다. 교육자는 학칙이라는 합법적 권위를 근거로 학업성취도가 높은 학습자에게 상을 줄 수 있고 잘못을 한 학습자에 대해서는 벌로 다스릴 수 있다. 필자의 중·고등학교 학창시절을 되돌아보면 선생님으로부터 매를 많이 맞았다. 필자가 매 맞을 구실을 제공하기도 했지만, 가끔은 왜 맞는지 그 이유를 몰랐다. 당시 체벌은 합법적인 교육적 행위로 간주되었다. 손바닥이나 엉덩이를 맞으면 참을 만한데 머리나 뺨을 맞는 날에는 인격 모독을 당한 기분이라 공부할 생각이 달아났다. 사회의 전반적인 분위기가 권위주의 시대였고 인권 감수성도 낮았다. 사회 분위기는 고스란히 교육자의 교육 방식에도 스며들었다. 필자보다 이전 세대는 훨씬 가혹한 체벌을 경험했다고 하니 교실이 인권 유린과 학대의 장소나 다름없었을 것이다. 지금도 체벌을 합법적 권위로 생각하는 교육자가 있다면 생각을 바꿔야 한다. 교육자는 체벌을 하지 않고 아이들을 교육적으로 이끌 수 있는 실력과 인격을 갖춘 리더로 발돋움해야 한다.

베버가 체계화한 세 가지의 권위 유형에서 권위가 성립하기 위한 가장 중요한 전제조건은 부하나 추종자들의 자발적인 복종이다. 권위의 근본적인 생성조건은 부하의 자발성에 달려 있다. 권력에 대한 설명에서도 말하겠지만, 자발성이란 관점에서 권위와 권력은 자연스럽게 구분된다. 권위의 속성은 자발성이고 권력의 속성은 강제성을 동반하게 되기 때문이다. 전통적 권위와 합법적 권위에 대한 개념의 밑바탕에는 강제성을 띤 권력의 냄새가 풍기지만, 권위 행사자가 권력을 전면에 내세우고 권위를 행사하려고 한다면, 이미 그 권위는 권위로서 면모를 잃었다고 볼 수밖에 없다.

## 2) 고든(Thomas Gordon)의 권위 유형

미국 미시간 공대에서 최우수교수로 명성이 높았고 지금은 국내에서 활발하게 효과적인 교수법을 보급하고 있는 조벽 교수도 효과적인 강의를 하는 데 필요한 권위의 형태로 토마스 고든의 권위 유형을 소개하였다.[9] 고든의 권위 유형을 설명하면서 권위에 대해 더 구체적으로 살펴보기로 하자.

첫째는 지식권위(knowledge authority)이다. 지식권위는 전문적인 지식과 기술에서 비롯되는 권위로 법률가, 회계사, 교육자, 엔지니어, 의사 등 전문 직종에 종사하는 사람들에게 해당된다. 그들은 전문적 지식과 식견 때문에 권위를 행사한다. 물론 지식권위에서 지식이란 상식이나 교양 등의 일반적인 지식이 아니고 지식의 전문성 뿐 아니라 지식을 판단, 통합, 전달할 수 있는 체계화된 종합적 능력을 뜻한다. 지식권위는 오늘날과 같이 지식과 정보가 가치창출

---

9 조벽. (2002). 조벽 교수의 명강의 노하우 & 노와이. 서울: 해냄. pp. 86−89.

의 핵심이 되는 지식기반시대에 중요성이 커진 권위이지만, 특히 교육기관에 종사하는 교육자들에게 더욱 요구되는 권위의 형태라 하겠다.

둘째는 권력권위(power authority)이다. 권위를 갖기 위해서는 권력이 필요할 때가 있다. 권력이 많다고 하여 권위가 자동적으로 높아지는 것은 아니지만 권위를 갖추기 위해서는 권력의 힘을 행사할 필요가 있다. 권력권위의 형태는 상벌을 줄 수 있는 권력을 가지고 있기 때문에 생기는 권위이다. 부하직원은 상급자가 지시 또는 명령한 사항에 대해 반대의견이 있어도 이행해야 한다. 반대의견을 제시하고 그 의견이 받아들여지지 않더라도 조직의 위계질서를 따라야 한다. 왜냐하면 상급자는 합법적인 규칙이나 규정에 근거한 권력을 행사하고 있다고 생각하기 때문이다.

세 번째 권위의 형태는 직책권위(job authority)이다. 글자 그대로 어떤 일을 맡은 직책이나 직함에서 비롯되는 권위이다. 자리와 함께 수반되는 권위라고 하겠다. 기관의 장이나 위원회의 위원장을 맡으면 자신의 의지나 직위의 높고 낮음과는 관계없이 생기는 권위이다. 평교사에서 교감이 되고 교장이 되면 직함에 따른 권위가 자연스럽게 생성된다.

신문에서 보았던 기사다. 기사 내용은 현직 국회의원이 교통법규 위반으로 벌점이 누적되어 면허가 정지되었다는 것이다. 그것도 국회 근처에서 운전 중 휴대폰을 사용하다 단속경찰관에게 벌점을 받았다. 생각하기에 따라서는 경미한 법규위반이지만 교통경찰관이 자신에게 주어진 권한으로 지위고하를 막론하고 당당하게 공무를 집행하였다는 점에 신선한 느낌을 받았다. 이렇듯 직책권위는 지위의 높고 낮음에 관계없이 생성된다.

조벽 교수에 따르면, 교육자는 위의 세 가지 권위의 유형 중 지식권위를 우선해야 한다고 강조한다. 8, 90년대만 해도 교육자의 권위는 지금보다 훨씬 더 컸다. 교육자가 다른 전문직종의 직업인들보다 특별하게 지식이 많아서도 권력이 높아서도 아니었다고 본다. '스승의 그림자도 밟지 않는다'라는 말이 있듯이, 소위 가르치는 선생이란 직책과 직업은 사회적 관습으로 상당히 높은 권위를 부여받았다. 오늘날 교육자의 사회적 권위는 어떤가? 사회적 지위는 둘째치고라도 지식 전달자로 전락하지 않았나 싶은 자괴감마저 드는 상황이 되었다.

사회적으로 부여한 권위의 위상도 사회경제적 환경과 인식의 변화와 함께 변한다. 교육자의 권위를 인정하고 복종하라고 해도 따르는 사람의 자발성이 없다면 견강부회에 불과한 것이다. 이제는 더 이상의 권위실추를 막아야 할 뿐 아니라 새롭게 일으켜 세워나가야 한다. 그러기 위해서는 교육자 스스로 그에 합당한 자질과 능력을 갖추어야 할 것이다.

최근에는 교육자의 권위 가운데 최후의 보루라고 할 지식권위마저도 위협받고 있다. 외국어를 가르치는 교육자들은 외국 유학 경험이 있거나 해외어학연수를 마치고 온 학습자들 때문에 심한 스트레스를 받으며, 심한 경우에는 정체성의 위기감마저 느낀다고 한다. 우리나라에서 외국어를 전공하고 외국어 담당교사가 된 교육자들은 아무래도 발음 등에서 원어민 수준의 실력을 갖춘 학습자들의 눈치를 볼 수밖에 없을 것이다. 필자가 아는 고등학교 외국어 교사는 휴직을 하고 외국 유학을 떠났다. 교육자 스스로가 자신의 정체성과 권위를 되찾기 위한 노력을 하고 있지만 어디까지나 한계가 있다. 이 점에 대해서는 국가와 지방자치단체 차원에서 세심한 정책적인 배려가 필요로 한 부분이라 생각한다.

 **나색의 창** · · · · · · · · · · · · · · · · · · ·

'스승의 권위'

지난 1980년 여름, 대학 1학년이었던 나는 학교를 가지 않고 친구들과 스터디 그룹을 만들어 시내의 카페와 제과점을 전전하고 있었다. 방학이라서 그런 것이 아니다. 군부 정권에 의해 휴교령이 내려져서 학교가 문을 닫았기 때문이다. 험난한 입시지옥을 거쳐 겨우 들어간 대학을 제대로 다녀보지도 못하고 카페와 제과점을 전전하고 있으려니 정말 인생이 암담했다.

그러던 어느 날 학교에서 연락이 왔다. 학교에 나와 지도교수님을 만나뵈라는 것이었다. 지도교수님? 그런 게 있었나? 어디 학교를 제대로 다녀봤어야 알지. 아마도 이제는 학교 문을 열어야겠다고 생각한 군부 정권에서 각 학교에 지침을 내린 모양이었다. 지도교수들이 학생들을 만나 시국을 당부하도록 하라. 뭐, 이런 게 아니었을까?(그 시대의 대학생들은 이런 식의 소설을 쓰는 데에는 도가 터 있었다.)

나는 아직은 계엄령의 위협적인 공기가 채 가시지 않은 캠퍼스에 겁도 없이 여자친구를 데리고 지도교수님을 만나 뵈러 갔다. 연구실에 들어가니 체구가 자그마한 초로의 신사 한 분이 앉아 계셨다. 나는 생각했다. 음, 이제 정의사회 구현이 어쩌고저쩌고 떠들기 시작하겠구나. 아냐, 인상이 점잖으신 걸로 봐서 "학생 시절엔 데모 같은 거 하지 말고 공부를 열심히 해서 미래에 대비하라"는 정도로 끝낼지도 몰라.

그런데 선생님께서는 이 암울한 시절에 뭐가 그렇게 즐거우신 건지 싱글벙글 웃으시더니 미적분학 책을 펴시는 것이었다.

"자네, 이 문제 풀어봤나?"

그건 n차원 공간 벡터에 관한 문제였다. 문을 닫고 있는 학교에서 그걸 배울 길은 없었지만 나는 마침 스터디 그룹에서 그 문제를 맡아 친구들에게 풀어준 적이 있었다. 그래서 자신 있게 대답했다.

"네, 풀어봤습니다."

"어디 한번 설명해 볼래?"

이것 참 여자친구 앞에서 잘난 척 할 수 있는 절호의 기회구나. 나는 아주 교만한 마음이 되어 칠판 가득 계산을 해 나가며 문제를 풀었다. 선생님의 감탄이 이어졌다.

"와! 계산 잘했네. 저렇게 복잡한 계산을 어떻게 할 수가 있지? 역시 젊은 게 좋은 거구나."순간 우쭐해진 나는 '뭐, 그 정도쯤이야'하는 오만한 표정으로 입을 굳게 다물고 서 있었다. 그때 선생님께서 작은 체구를 일으키시면서 말씀하셨다.

"하지만 말이지. 이렇게 생각할 수는 없을까?"

선생님께서는 칠판에 그림을 그리시고 이렇게 저렇게 벡터를 표시하시더니 그냥 여덟 줄 정도에 증명을 끝내시는 것이었다. 아무 생각 없이 무조건 계산만 하려고 덤벼들었던 나는 뭔가 가슴이 뜨거워지고 한 줄기 빛이 보이는 느낌이었다. 아아, 이렇게 조금만 다른 눈(이 경우엔 기하학적인 시각)으로 바라보면 생각지도 못했던 자연스럽고 우아한 풀이를 발견할 수도 있는 거구나. 나는 더듬더듬 중얼거렸다.

"어떻게……이런 생각이……가능한 거죠……?"

선생님께서는 씩 웃으시며 덧붙이셨다.

"밥 그릇 차이지……?"

스승의 권위란 바로 이런 것이 아닐까? 겉으로 드러나는 다른 무엇이 아니라 학문과 인격의 깊이에서 저절로 우러나는 한 줄기 빛과 같은 것…….

고등과학원 수학부 강석진 교수의 과학칼럼

## 3) 바나드(Chester I. Barnard)의 권위

체스터 바나드는 권위를 공식조직에서의 커뮤니케이션 관점에서 보았다. 여기에서 커뮤니케이션이란 상사의 지시나 명령을 하급자가 전달받고 수용하는 과정을 말한다. 상사의 지시나 명령, 즉 상사의 커뮤니케이션을 하급자가 받아들인다면 그 상사는 권위가 있는 것이며, 그는 다음 단계의 행동을 할 수 있는 토대를 마련한 것이 되는 것이다. 이와 반면에 상사의 커뮤니케이션이 하급자에 의해 받아들여지지 않는다면 그 상사의 권위는 거부된 것으로 볼 수 있다. 상사의 커뮤니케이션에 권위가 있느냐의 여부는 커뮤니케이션을 전달받는 사람에 달려 있다.

바나드는 커뮤니케이션의 권위가 생성되기 위해서는 개인의 동의가 필수적이라고 보고, 네 가지의 조건이 동시에 충족될 경우에 커뮤니케이션이 권위를 가질 수 있다고 하였다.[10] 그가 제시한 아래의 네 가지 조건은 커뮤니케이션과 권위와의 관계를 생각할 때 시사하는 바가 크다.

① 상대방이 커뮤니케이션을 이해할 수 있어야 한다.
② 커뮤니케이션이 조직의 목적과 불일치하지 않아야 한다.
③ 상대방의 개인적인 관심사 또는 동기와 어느 정도 맞아야 한다.
④ 상대방은 커뮤니케이션을 따를 정도의 정신적 그리고 신체적인 능력을 갖추어야 한다.

---

10 Merton, R. K., et al. (1952). *Reader in bureaucracy.* New York, NY: The Free Press. pp. 180–185.

버나드가 제시한 조건들은 언뜻 실행하기가 쉬워 보이지만 현실적으로 충족시키기가 결코 녹록치 않다. 그 조건들을 구체적으로 살펴보자. 첫째, 상대방이 커뮤니케이션을 이해할 수 있어야 한다. 이 조건은 가장 기본적인 조건임에 틀림없다. 만약 커뮤니케이션을 할 목적을 가지고 있음에도 상대방이 이해할 수도 없는 언어를 사용한다든지 상대방의 수준에 맞지 않는 표현을 할 경우에 커뮤니케이션은 이루어지지 않을 것이다. 이는 우리말을 알아듣지 못하는 외국인에게 한국말을 사용하는 것과 같다. 눈높이라는 말이 있는데 상대방의 수준을 파악하라는 것이다. 그렇지 않으면 오히려 혼란과 의구심만 초래할 수 있다. 일시에 지나치게 많은 지시나 명령을 내릴 경우에도 커뮤니케이션의 이해에 장애가 된다. 리더는 커뮤니케이션을 한 뒤에 수용자가 제대로 이해하였는지 확인하는 것도 좋은 방법이다.

둘째, 커뮤니케이션은 조직의 목적과 불일치하지 않아야 한다. 커뮤니케이션이 조직의 목적과 부합되지 않는다면 복종을 이끌어 낼 수가 없다. 지시나 명령을 내리는 사람은 항상 조직의 목적이 무엇인가에 대해 명확하게 알고 있어야 하며, 마땅히 조직이 달성하고자 하는 목적과 관련되는 지시나 명령을 내려야 커뮤니케이션에 권위가 생긴다. 만약 (A)라는 목적을 갖고 있는 조직이 (B)라는 목적을 이행하라는 지시나 명령을 받는다면, 그 조직의 구성원이 상사의 지시에 기꺼이 동의해 줄 것이라 기대할 수 없다. 바나드의 비유는 명확하다. "군대의 상사가 부하에게 동료 병사를 사살하라는 명령을 받는다면 복종할 수 있겠는가?"

셋째, 커뮤니케이션은 조직 구성원이 지향하는 관심사 또는 동기에 어느 정도 부합해야 한다. 바나드에 따르면, 많은 조직에서 구성원이 자발적으로 사표를 제출하는 것은 바로 상사의 커뮤니케이션이 개인의 관심사나 동기를 고려하지 않은 결과라고 한다. 셋째 조건에 따르면, 상사는 하급자에 대해 깊은 인간적인 배려와 관심을 가져야 커뮤니케이션에 권위가 생성된다는 것을 암시한다. 간혹 상사가 하급자를 대할 때 하급자의 관심에 대해서는 뒷전으로 생각하고 일방통행식의 지시나 명령을 하는 경우를 보게 되는데, 이럴 경우에는 진정한 커뮤니케이션이 이루어지지 않음은 물론이거니와 권위도 서지 않는다.

넷째, 커뮤니케이션에서 지시나 명령을 받는 사람의 정신적, 신체적 상태를 고려해야 한다. 사람은 일을 하다 보면 신체적으로나 정신적으로 상태가 정상이 아닐 수 있다. 상사가 부하의 현재 상태를 무시하거나 무관심하게 생각하고 지시나 명령을 내리면 과연 커뮤니케이션의 권위가 서겠는가 하는 것이다. 독감으로 병원에 가야할 형편이고 휴식을 필요로 하는 하급자에게 긴급하지도 않은 지시를 이것저것 내리는 것은 하급자의 입장에서는 상사의 가혹한 행태로 받아들여질 수밖에 없을 것이다. 상사의 갑질이다. 바나드의 비유는 간명하다. "상사가 수영할 줄도 모르는 하급자에게 수영하라고 한다면 과연 권위가 서겠는가?"

권위의 생성을 위해 바나드가 제시한 네 가지 조건들은 독립적으로 적용되는 것이 아니고 동시에 충족되어야 한다. 권위를 생각하는 상사라면 커뮤니케이션의 기본에 해당된다. 어떻게 하면 효과적인 커뮤니케이션을 할 수 있는지에 대한 찰스 레드필드의 일반원칙을 살펴보는 것도 유익한 지침이 된다.[11] 그의 이론을 살펴보면 다음의 일곱 가지로 정리할 수 있다.

첫째, '명료성'이다. 리더는 부하에게 명령이나 지시를 내릴 때 부하로 하여금 다의적인 해석이 가능한 문장을 사용하면 곤란하다. 리더의 요구는 (A)라는 내용인데 부하는 (B)라는 내용으로 이해하고 일을 하는 경우가 있다. 물론 리더의 입장에서는 부하가 잘 못 이해한 지시 사항을 완수하였을 때 수정, 보완 지시를 내릴 수 있는 권한은 있지만, 그 리더의 권위는 이미 실추된 것이나 다름없다.

둘째, '일관성'이다. 주변에 보면 리더가 지시나 명령을 이랬다 저랬다 하는 것을 자주 보게 본다. 리더의 편의에 따라 또는 자신에게 상황이 좋지 않게 전개될 때에 기존의 지시를 손바닥 뒤집듯 번복한다. 김 선생님은 지난 주말 교장으로부터 모종의 지시를 받고 밤을 새워 과업을 완수하여 월요일 아침 교장에게 제출하였지만, 그 교장은 갑자기 정색을 하면서 언제 그렇게 지시했느냐고 오히려 반문을 한다. 김 선생님은 분명히 교장이 교무실에서 그것도 여러 동료 교사들이 보는 앞에서 그것을 지시하지 않았느냐고 우겨 보지만 교장은 막무가내로 다른 방식으로 다시 해보라고 재지시를 내린다. 마치 자신의 리더십에 큰 손상이 입은 것처럼 강압적인 자세로, "그렇게 말귀를 알아듣지 못합니까?"라는 책망까지 한다. 오히려 이런 경우에는 리더인 교장이 "아, 제가 그렇게 말을 했군요? 사실은 이렇게 해야 되는데. 제가 뭔가 착각을 했나 봅니다. 사과드립니다. 이런 관점도 필요할 수 있으니까 일단 제출하세요. 제가 내용을 검토해 보고 다른 도움이 필요하면 얘기를 하겠습니다." 이렇게 말하면서 주말과 휴일까지 희생하고 과업을 완수한 것에 대하여

11 왕기항. 앞의 책. pp. 176−177.

위로와 격려하는 말을 덧붙인다면 금상첨화가 될 것이다.

셋째, '적당성'이다. 우리말에 과유불급이란 격언이 있다. 지나침은 아예 시작하지 않은 것보다 못하는 법이다. 주변에서도 불필요한 말이나 행동을 하여 후회하며 가슴을 치고 괴로워하는 경우를 보게 된다. 리더와 부하의 관계에서도 이 격언은 적용된다. 어떤 리더는 했던 말을 반복해서 또 한다. 그렇다고 반복해서 하는 얘기들이 그렇게 강조해야 할 부분이거나 중요한 것도 아닌 경우가 많다. 이런 리더들은 커뮤니케이션의 제대로 된 효용과 방법상의 기술을 터득하지 못한 정말 답답한 사람들이 아닐 수 없다. 수업시간은 다되고 급히 해야 할 일은 많은데 붙잡아 놓고 무슨 얘길 그렇게 장황하게 늘어놓는지 그저 안타까울 따름이다. 모름지기 리더란 넘치지도 부족하지도 않을 정도로 적당하게 말을 해야 한다.

넷째, '적시성'이다. 리더가 부하의 상황이나 사정은 헤아려 보지도 않고 지시를 내리는 경우가 많다. 야구에도 적시안타라는 것이 있다. 주자가 2루나 3루에 있을 때 타석에 들어선 타자가 안타를 때리면 주자는 홈베이스를 밟고 득점을 올리게 된다. 적절한 때에 때려준 안타는 팀의 승리에 크게 기여한다. 팀플레이보다는 개인 통산 타율만 높은 선수도 있다. 아무리 타율이 높아도 적시에 안타를 치지 않아 팀 승리에 기여하지 못한다면 훌륭한 선수라고 말할 수 없을 것이다. 이와 마찬가지로 리더란 역시 부하의 사정을 잘 살피고 있다가 꼭 필요한 시점에 지시나 명령을 해야 한다. 학교장이 당장 내일 시범수업을 준비하느라 점심도 굶어가면서 준비에 만전을 기하고 있는 부장교사를 불러 꼭 오늘 지시하지도 않아도 되는 것을 얘기하면 될 일도 되지 않을 것이다. 그렇다고 리더가 부하들의 눈치나 보고 있으라는 말과는 다르다. 리더는 자신이 가진 파워를 아무 때나 사용하면 안 된다. 장수가 칼을 아무 때나 빼어들면 안 되는 경우와 같다.

다섯째, '관심과 수용'이다. 이것은 리더의 입장에서 어떤 지시를 부하에게 내릴 때, 과연 그 부하가 그 지시에 대해 관심이 있는가와 그 지시를 받아들일 자세가 되어 있느냐의 문제이다. 부하가 처한 상황이나 형편을 어느 정도 파악하고 있느냐 하는 것이다. 부하의 입장에서는 리더의 지시에 대해 전혀 관심이 없고 수용할 자세가 되어 있지 않는데, 리더가 그것을 무시하고 일방적으로 지시를 내린다면 과연 일이 제대로 될 리 없다. 따라서 평소에 리더는 부하들의 관심 분야나 영역에 대해서도 많은 관심을 가지고 깊은 배려를 해야 한다.

여섯째, '통일성'이다. 간혹 학교에서도 교장이 하는 말 교감이 하는 말이 시차를 두고 다르게 전달되어 혼선을 빚는 경우를 보게 된다. 가정에서 아버지가 하는 말 어머니가 하는 말이 통일되지 않아서 어색한 분위기가 연출되는 경우와 같다. 리더가 하는 말은 전체를 대표할 수 있는 통일성을 가져야 한다. 그러기 위해서 집단이 민주적인 절차를 통해 결론에 도달할 때 통일성은 분명하게 될 것이다.

마지막으로 일곱째는 '분포성'이다. 리더는 커뮤니케이션의 대상을 명확히 선정하여 정확하게 전달하여야 한다. 리더가 대상이 불분명한 상태에서 지시나 명령을 한다면, 과연 누구에게 의사전달이 되고 누구로부터 지시사항에 대한 피드백을 받을지도 모르게 된다. 곧 의사전달의 계통을 명확히 해야 하고 전달 책임에 대한 체계를 분명하게 설정해야 한다.

지금까지 권위에 대한 정의를 살펴보았다. 권위란 잘 쓰면 약이고 잘못 사용하면 독이 된다는 이치를 확인할 수 있다. 권위의 유형과 관련해서는 베버, 고든, 바나드의 이론을 살펴보았다. 이들은 권위에 대한 권위 있는 연구자지만 이들의 이론은 어디까지나 이론에 불과하다. 인간이 권위를 따르는가에 대한 근본적인 이유를 제시하지 못하는 한계를 지니고 있다. 근본을 알면 그 해법은 쉽게 찾아낼 수 있지 않겠는가.

인간이 권위에 복종하는가에 대한 이유를 제시하기 위해 제2차 세계대전 당시 나치의 유대인 홀로코스트 전범 피의자 오토 아돌프 아이히만에 대해 언급할 필요가 있다. 아이히만은 홀로코스트의 실무 책임자였는데 전후 아르헨티나로 도주하여 은신 생활을 하다 이스라엘의 비밀작전으로 체포되었다. 1961년 4월 이스라엘은 아이히만을 반인륜적 혐의로 기소하고 재판을 전 세계에 생중계하면서 나치의 홀로코스트 가해자를 정의의 이름으로 심판할 계획이었다. 역사의 정의에는 공소 시효가 없다는 것을 증명하였다. 전 세계에서 몰려든 700명의 기자가 재판을 취재하였다. 재판받는 아이히만을 보는 사람들은 홀로코스트의 전범 정도라면 가학적인 괴물일 것이라는 추측을 했지만 예상은 여지없이 빗나가고 말았다. 그는 단지 생각 없는 평범한 관료에 가까웠다. 그저 상관의 명령을 충실하게 이행하였을 뿐이라고 자신의 행동을 정당화하기까지 했다. 그렇다면 그가 특별히 공격적이거나 가학적인 성격의 소유자가 아님에도 불구하고 왜 악의 화신이 되었을까? 도대체 어떤 사람이 수백만 명의 사람들을 가스실로 보내도록 명령을 내렸던 것일까?

사람은 어떤 조건이나 상황에서 복종하게 되는가?

예일대의 스탠리 밀그램은 1961년 6월 평범한 인간이 왜 권위에 복종하면서 악의 화신이 될 수 있는가를 생각하게 하는 심리 실험을 했다. 밀그램 역시 유대인으로 아이히만 재판을 지켜보았던 사람들 중 한 사람이었다. 이 연구는 인간의 본성을 파악하기 위해 시행된 많은 연구들 중 가장 기념비적인 연구로 평가받고 있다. 밀그램은 '기억과 학습 연구를 위한 피험자 구함'이라는 광고를 지역 신문에 내 피험자를 모집했다.

이 실험에서 핵심은 실험자(지시와 명령을 내리는 권위자)의 명령이다. 실험자는 피험자에게 "학습자가 잘못된 응답을 할 때마다 전기충격기의 수준을 한 단계씩 높이시오"라는 지시를 내린다. 충격기의 계기판 위에는 15볼트에서 450볼트까지 무려 30단계의 스위치가 있다. 각 단계마다 15볼트의 전기가 더해진다(전기충격의 강도를 높일 때마다 피험자는 실험자에게 지속 여부를 묻고 승낙을 받아야 한다). 물론 이 모든 절차는 가상으로 진행된다(전기 충격에 대한 음성도 녹음된 것이다). 연극이다.

연구결과는 한 마디로 충격적이고 당혹스럽기까지 하다. 피험자는 실험자의 명령을 수행하는 데 몰입했다. 그들은 단지 자신에게 주어진 과업을 정확히 이행하는 것에만 관심을 둘 뿐 도덕적인 판단은 하지 않았다. 실험 후 인터뷰에서 피험자들은 이렇게 말했다. "혼자였다면 그렇게 하지 않았을 것이다. 단지 시키는 대로 했을 뿐이다." "돈을 받고 이 일을 했을 뿐이다. 나는 명령을 따라야만 했다." 모든 책임을 명령을 내린 실험자(권위자)에게 돌렸다. 자신의 행동에 책임감을 느끼지 않았다. 아이히만의 변명과 다르지 않았다.

이 실험의 관찰자로서 개인은 자신의 도덕적 기준에 따라 실험자에게 철저히 복종한 피험자들의 행동을 비난할 수 있다. 관찰자의 입장과 피험자의 입장은 엄청난 차이가 있다. 누구든지 어떤 상황에서도 자신의 높은 수준의 도덕적, 윤리적 가치관을 실천할 것이라고 확언할 수 없다. 누가 누구에게 돌을 던지겠는가? 한 가지 덧붙일 결과는 피험자 중에는 전기충격 단계가 올라가면서 중간에 실험을 포기한 사람도 있었다. 포기의 이유는 권위에 대한 복종을 기피하기 위해서가 아니라 학습자에 대한 연민 때문이었다.

밀그램 실험 후 꽤 시간이 지난 2015년 심리학자 매슈 홀랜드는 밀그램의 전기충격 기계에서 녹화된 117건의 녹음테이프를 분석하였다. 실험을 중간에 포기한 피험자는 세 가지의 전술을 사용했다. 피해자와 대화를 하거나, 명령 지시자에게 책임을 상기시키고, 계속하라는 명령을 반복적으로 거부했다. 실험 중단에 성공한 피험자는 피해자와 의사소통과 대립, 연민과 저항이라는 전술을 더 많이 사용한 것으로 밝혀졌다. 홀랜드의 결론은 의미심장하게 받아들여진다. "인간은 의심스러운 권위에 저항할 수 있는 역량이 있고, 이 역량은 가르치고 배우는 것이 가능하다." 인간 본성에 대한 희소식이다.

밀그램의 실험은 연구자가 자신이 원하는 결과를 위해 전기충격과 같은 악명 높은 수단을 사용하고 연구를 돕고자 했던 사람들에게 의도적으로 심각한 고통을 주었다는 비난을 받고 있다. 오늘날의 관점에서는 연구윤리에도 문제가 있다. 밀그램의 기여는 두 가지로 요약할 수 있다. 첫째는 인간의 마음속 어딘가에 나치가 숨어 있고 적절한 환경이 조성되면 그 사악한 나치가 나올 수 있다는 경고를 한다. 둘째는 인간의 본성은 권위에 생각 없이 복종하는 치

명적인 결함을 지니고 있지만 비도덕적이고 부당한 지시와 명령에
저항하는 역량을 지니고 있다.[12]

---

12 Bregman, R. (2019). *Humankind*. 조현욱 역b(2021). 휴먼카인드. 서울: 인플루
엔셜 pp. 231 – 332; Milgram, S. (1974). *Obedience to authority*. 정태연 역
(2009). 권위에 대한 복종. 서울: 에코. pp. 25 – 236.

## 02 권력(power)이란 무엇인가?

사람들을 돕는 데 권력을 사용하라. 그 이유는 우리 자신을 위한 목적들을
우선시하거나 세상에서 잘난 체하고 이름을 날리라고 그 권력이 부여된 것이
아니기 때문이다. 권력을 사용할 곳은 딱 한 군데 있다.
그것은 사람들에게 봉사하는 데 사용하는 것이다.

-조지 H. W. 부시-

대통령은 남을 위해 봉사할 수 있는 기회가 많은 자리다.

-버락 오바마-

이제까지 권위에 대한 개념과 그 유형에 대해 살펴보았다. 권위는 상사의 지시나 명령을 하급자가 자발적으로 복종하는 과정에서 생성된다. 권위는 자발성에 기초하여 상사와 하급자간에 <지배－복종>의 관계가 생성되는 것으로 이해할 수 있다. 권력은 <지배－복종>의 관계에서 강제성을 수반한다는 점에서 권위와는 그 성격이 다르다.

"신은 사람을 부패시키기 위해 권력을 안겨주었다"라는 말이 있듯이, 실제 권력에 취해 깨어나지 못하는 경우를 심심찮게 볼 수 있다. 19세기 영국의 역사가 액턴 경은 "권력은 부패하는 경향이 있고 절대 권력은 절대적으로 부패한다"라고 했다. 심리학자, 역사

학자, 사회학자가 만장일치로 동의하는 진술이라고 한다.[13] '망치를 가지고 있는 사람은 모든 사람이 못처럼 보여 그 망치를 쓰고 싶어 한다'라는 말이 있는 것처럼 인간은 권력지향의 본능을 가지고 있을지 모른다. 망치를 처음 가져보는 사람은 더욱 망치를 휘둘러보고 싶은 유혹에서 벗어나기 어렵다.

존 후렌치와 베르트램 레벤은 권력의 유형을 두 가지로 대분류하고 세부적으로는 다섯 가지로 구분한다. 대분류의 권력은 지위권력(position power)과 개인적 권력(personal power)으로 구분할 수 있다. 세부적으로 구분하면 지위권력에는 보상적 권력(reward power), 강압(제)적 권력(coercive power), 합법적 권력(legitimate power) 세 가지, 개인적 권력(personal power)에는 준거적 권력(referent power)과 전문가적 권력(expert power) 두 가지로 나눌 수 있다.[14]

먼저 지위권력은 개인의 사회적 지위와 비례하는 것으로 보인다. 사회적 지위가 높은 개인일수록 그에 따른 더 큰 권력을 행사할 수 있다. 지위권력의 첫 번째 형태인 보상적 권력은 권력 행사자의 보상 능력에서 비롯되는 권력이다. 예를 들어 교육기관의 장은 봉급인상, 승진, 과업배당 등과 관련된 보상의 분배를 통제할 수 있다. 강압적 권력은 권력행사자가 권력수용자에게 벌을 줄 수 있다고 인식하는 권력의 형태로서 권력행사자는 해고(임), 징계작업의 단축 등을 지시할 수 있는 권력을 가지고 있다. 권력행사자가 보상적 권력을 통해 권력수용자에게 당근을 주는 것이라면, 강압적

---

13 조현욱 역b. 앞의 책. p. 319.
14 Hoy, W. K., & Miskel, C. G. 앞의 책. pp. 222−224.

권력을 통해서는 채찍을 가한다고 할 수 있다. 합법적 권력은 권력 행사자가 정당하고 합법적인 권력을 행사하게 되므로 권력수용자는 권력행사자의 지시나 명령을 따라야 할 의무가 있다고 본다.

또한 사회적 지위보다는 개인적인 능력이나 특성에 따라 형성되는 개인적 권력에는 준거적 권력과 전문가적 권력이 있다. 준거적 권력은 권력 행사자가 도덕적 기준, 인간관계 능력, 말솜씨 등에 있어 다른 사람에게 하나의 준거가 되어 다른 사람이 그를 닮거나 모방하고자 하는 데서 생기는 권력을 말하는 것이다. 교육기관에서 교육자가 기관장을 닮고 싶어하고 동일시하고자 하는 경향성이 있다면 바로 기관장의 준거적 권력이 높다고 할 것이다. 전문가적 권력은 권력행사자가 특정 분야에 대하여 전문적인 기술과 지식을 갖고 있을 때 생기는 권력을 말한다.

준거적 권력과 전문가적 권력은 강제성을 동반하지 않는다는 점에서 앞에서 설명한 권위에 대한 정의에 가깝다. 하급자의 입장에서 상급자의 인격을 흠모하여 자신도 앞으로 저런 사람이 되고 싶다든지, 상급자의 전문성을 닮고자 하는 것은 하급자의 자발성에 달려 있기 때문이다.

교육기관에서도 학습자들은 교육자의 개인적 능력이나 특성을 자신들이 지향할 삶의 좌표로 삼는 경우가 종종 있다. 교육자를 학습자의 사표라고 하는 이유다. 학창시절의 학습자들은 감수성이 풍부하고 인지적, 정서적으로 예민한 시기로서 자신들이 본받고자 하는 대상과 동일시하기 때문에 교육자의 언행은 특별히 중요하다.

<표 2-1>에서는 권력자가 행사하는 권력 유형에 대한 하위자의 반응을 나타낸 것이다. 강압적 권력을 행사할수록 하위자의

**표 2-1** 권력행사 유형에 대한 하위자의 반응

| 권력 유형 | 권력에 대한 하위자의 반응 | | |
|---|---|---|---|
| | 헌신 | 단순한 복종 | 저항 |
| 준거적 | xxx | xx | x |
| 전문가적 | xxx | xx | x |
| 합법적 | xx | xxx | x |
| 보상적 | xx | xxx | x |
| 강압적 | x | xx | xxx |

주: ×××: 그렇다.  ××: 조금 덜 하다.  ×: 아주 덜 하다.
출처: Hoy, W. K., & & Miskel, C. G. 앞의 책. p. 225.

저항이 심하고, 헌신의 정도는 떨어진다. 준거적 권력을 행사하는 조직에서는 하위자의 헌신도가 다른 권력 유형보다 높고 저항의 정도는 낮음을 알 수 있다.

지금까지 권력행사자가 어떤 유형의 권력을 행사했을 때 부하의 저항에 부딪히지 않고 그들의 헌신을 이끌어 낼 수 있는지에 대해 살펴보았다. 이제 교육자가 지향해야 할 권력 행사 유형은 자명하다. 교육기관에서 교육자들이 중점을 두어야 할 권력의 유형은 전문가적 권력 또는 준거적 권력이라고 볼 수 있다. 교육자들도 그런 방향의 권력을 키우기 위해 노력해야 할 것이다. 교육자가 합법적 권력이나 보상적 권력행사 차원에 머물러 있다면 결코 미래지향적인 교육자상은 아니다. 또한 교육자가 강제적 권력에만 의존한다면 리더로서 성장하고자 하는 욕구 자체가 없는 것으로 보인다.

교육자는 얼마든지 법령과 규정에 따라 합법적 권력이나 보상적 권력 또는 강압적 권력을 행사할 수 있다. 교육자에게 주어진 고유한 권력으로 생각할 수도 있다. 그런 권력들은 교육자가 특별한 노력을 하지 않고도 얼마든지 행사할 수 있는 일반적 권력에 속한다. 전문가적 권력과 준거적 권력은 차원이 전혀 다르다. 교육자 스스로가 교육공동체 구성원을 위해 헌신하거나 희생하지 않고 안주하게 되면 결코 가질 수 없는 권력의 유형이다.

권력의 속성을 이해할 수 있는 흥미로운 실험을 소개한다. 값비싼 자동차가 심리에 미치는 영향에 대한 실험이다. 실험은 횡단보도에서 보행자가 발을 막 내딛는 중에 이루어졌다. 첫 번째 실험에서 중고 미쓰비시나 포드 핀토를 운전하는 피험자들 모두 횡단보도에서 자동차를 멈춰 세웠다. 두 번째 실험에서 비싼 메르세데스 벤츠를 운전하는 피험자들 중 45%는 횡단보도에서 자동차를 세우지 않았다. 자동차가 비쌀수록 도로 규칙을 잘 지키지 않는 것으로 밝혀졌다. 후천적 소시오패스다. 이는 머리에 타격을 받아 뇌의 주요 부위가 손상되면 발생하는 것으로 유전되지 않은 반사회적 성격 장애다.

권력을 가진 사람도 뇌손상을 입은 사람처럼 행동한다. 충동적이고 자기중심적이며 오만하며 무례하다. 뻔뻔스럽고 얼굴이 붉어지지 않는다. 얼굴이 붉어지는 현상은 영장류 사이에서 인간에게만 나타난다. 권력자를 인간의 탈을 쓴 다른 동물이라고 하면 지나친 표현일까. 권력을 가졌다는 느낌을 갖는 사람은 미러링(mirroring)을 하지 못한다. 우리는 누군가 웃으면 따라 웃으면서 미러링을 한다. 권력자는 이런 경향이 약해 마치 플러그가 뽑힌 것처럼 자신이 다른 동료 인간들과 연결되어 있다고 느끼지 않는다고 한다.[15] 심리학자, 역사학자, 사회학자들이 "절대 권력은 절대적으로 부패한다"라는 액턴 경의 진술에 대해 만장일치로 동의하는 이유다.

---

15 조현욱 역b. 앞의 책. pp. 316-317.

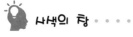

사색의 창

웨이터의 법칙

　빌 스완스이 자신의 경험을 토대로 정리한 <책에서는 찾을 수 없는 비즈니스 규칙 33가지>는 비즈니스에서 널리 알려진 법칙이라고 한다. 서른두 번째 규칙은 권력과 관련하여 공감할 내용이다. "당신에게는 친절하지만 웨이터나 다른 사람에게 무례한 사람은 절대 좋은 사람이 아니다." '웨이터의 법칙'이다. 두 사람의 CEO가 계약 체결을 위해 고급레스토랑에서 진지한 대화를 하는 상황이라고 가정하자. 서빙을 하던 웨이터가 실수로 한 CEO에게 와인을 쏟았다. 옷을 버린 손님은 버럭 화를 냈다. "너 지금 미쳤어? 내가 누군지 알아? 지배인 나오라고 해!" 이 모습을 본 다른 CEO는 어떻게 반응했을까? 계약 협의는 없었던 것으로 하고 더 이상 거래도 하지 않기로 했다. 동일한 상황에서 전혀 다른 반응이 나왔다. 한 CEO는 포도주를 쏟은 웨이터에게 이렇게 말했다. "아침에 바빠 샤워도 못하고 나왔는데 마침 잘 됐네요. 싸구려 양복이니까 신경 쓰지 마세요." 이 모습을 본 다른 CEO는 이 회사와 즉석에서 계약을 체결하고 단골이 되었다. 자신보다 지위가 낮은 사람에게 권력을 휘두르며 무례하게 행동하는 것과 유머로 상대방을 배려하는 행동의 차이다. 자신과 연결된 사람을 존중하지 않는 사람 역시 존중받지 못한다. "명성을 쌓는 데는 20년이 걸리지만 그것을 무너뜨리는 데는 불과 5분밖에 걸리지 않는다"라는 워런 버핏의 말이 맞다.

《중앙일보》. <리더와 보스의 차이>. 2021년 4월 3일자.

영향력(influence)이란 무엇인가?

리더십은 곧 영향력이다.

-존 C. 맥스웰-

　　권위와 권력에 관한 개념에 이어 영향력에 대해 살펴볼 차례이다. 영향력에 대한 정의는 이 책에서 매우 중요하다. 영향력은 리더가 지향해야 할 목표이며, 나중에 설명할 원칙 중심 리더십의 결과이기도 하기 때문이다. 영향력은 권위와 권력과의 관계가 밀접하지만, 독립적인 성격을 갖고 있다.

　　사람들은 함께 살아가면서 영향을 주고받는다. 영향력의 수준과 강도에 있어서는 차이가 있겠지만, 누구나 영향을 주고받을 수 있다. 랄프 에머슨은 "모든 사람이 누군가에게 영웅이자 현인이다. 그 누군가에게는 그의 모든 말이 큰 가치를 지닌다"면서 영향력의 일반적 성격을 언급했다.[16] 이 세상에 그 누구에게도 영향을 받지 않고 저절로 된 사람이 있겠는가? 아닐 것이다. 영향력이란 무엇인가?

　　일상적으로 영향력이 '있다', '없다'고 할 경우에, 그 영향력이란 권력이 타인에게 작용한 결과, 즉 효과를 나타내는 것이다. 영향력이란 '권력행사자의 권력행사에 대한 권력수용자의 행동반응이

---

16 Maxwell, J. C., & Dornan, J. (1997). *Becoming a person of influence*. 정성묵 역(2003). 영향력. 서울: 낮은 울타리. pp. 10-11.

**그림 2-1** 권력과 영향력의 관계

| 권력의<br>원천 | → | 권력이<br>생기고 | → | 활성화<br>되면 | → | 영향력이<br>되어 | → | 내가 원하는<br>방향으로<br>타인의 행동유발 |
|---|---|---|---|---|---|---|---|---|

며, 권력행사자가 권력행사에 대해 성취한 결과이다'라고 정의할 수 있을 것이다.

[그림 2-1]에서 보는 것처럼 권력행사자의 권력이 활성화되면 영향력이 생성되고 권력행사자가 원하는 방향으로 타인의 행동을 유발할 수 있다. 단순히 권력만을 가지고도 타인의 행동을 유발할 수 있겠지만, 더 바람직한 것은 권력행사자가 영향력을 발휘하여 타인의 행동을 유발하는 것이다.

권력을 어떻게 활성화하고 영향력으로 이어지게 할 것인가? 지혜의 보고는 고전에 있다. 찾아내지 못하거나 시간이 좀 더 걸릴 뿐이다. '부드러운 것이 능히 단단한 것을 이기고 약한 것이 능히 강한 것을 이긴다(柔能制剛 弱能勝强).' 강풍에 뻣뻣하게 서있는 나무는 부러지지만, 유연한 대나무는 잘 버텨낸다. 진정한 권력자는 자신을 따르는 사람들이 그 권력을 보지도 느끼지도 않게 한다. 이런 권력자에 대해 노자는 이렇게 말했다. "권력자가 공을 이루고 과업을 완수해도 백성들은 하나같이 '저절로 그리 되었다'라고 말한다."17 권력자는 지위와 권력을 이용하여 과업을 해냈지만, 백성들이 보기에

---

17 Puett, M., & Gross-Loh, C. (2016). *The path: Unlocking the timeless code to a good life.* 이창신 역(2016). 세상을 바라보는 혁신적 생각. 파주: 김영사. pp. 169-179.

는 그 권력자가 아니었어도 일을 완수할 수밖에 없었다고 생각한다는 것이다. 이때 권력은 백성들의 마음속에 영향력으로 전이되었다고 말할 수 있다. 진정한 영향력은 '내가 이런 권력을 가졌습니다. 내가 이렇게 높은 자리에 있습니다'라고 보여주거나 확인시켜 준다고 하여 활성화되지 않는다. 권력자가 목에 힘을 주고 뻣뻣하면 부러지는 것은 시간문제이다. 강하면 부러지기 마련이라는 말은 권력의 속성과 정확히 일치한다.

권력을 가진 상급자의 지시나 명령을 따르는 하급자가 겉으로 표현은 하지 않지만, 속으로 뭔가 거부하는 마음을 품고 있거나 상급자의 권위를 부정하는 마음이 있다면 그의 영향력은 아예 없거나 약하다고 할 수 있다. 상사가 권력은 있지만 영향력이 약할 경우에 하급자는 자발성이 아닌 상급자의 강제성을 동반한 권력, 즉 벌이 두려워 지시를 이행하는 것이다. 여기에서 중요하게 생각해 보아야 할 점은 피상적으로 상급자의 지시나 명령을 따르는 것과 진심으로 상급자를 존경하여 따르는 것과는 커다란 차이가 있다는 것이다.

영향력은 권위와 권력과는 또 다른 성격을 지닌다. 영향력은 권위나 권력의 높고 낮음에 상관없이 영향력을 행사할 수 있기 때문이다. 조직에서도 지위가 낮고 권력도 없지만 상당한 영향력을 행사하는 사람이 있다. 오히려 최상급자보다 더 큰 영향력을 행사하는 경우도 있다. 어느 조직에서나 영향력이 큰 사람이 있다. 그가 비록 리더의 위치에 있지 않다 하더라도 리더보다 더 영향력을 행사하는 경우를 본다.

이상적인 리더의 유형은 지위권력에 따른 권위를 갖고 영향력을 행사하는 것이다. 대개 사람들은 지위가 높을수록 영향력도 클 것이라 단정한다. 실제로는 그렇지 못한 경우도 많다. 지위가 높지만 권위는 없고 영향력이 미비한 권력행사자가 얼마나 많은가? 반면에 권력은 낮지만 큰 영향력을 행사하는 사람도 많다. 조직에서 영향력이 가장 많은 사람이 곧 리더라고 볼 수 있다. 리더십의 결정체는 영향력이며, 리더십의 핵심 요소이다.

존 맥스웰은 영향력의 특성을 네 가지로 정리하였다.[18] 첫째, 모든 사람은 누군가에 영향을 준다. 뒤집어 보면, 모든 사람은 영향을 주고받는다는 뜻이다. 둘째, 우리 자신은 누군가에게 큰 영향을 받고 있다. 단지 지각하지 못할 뿐인 경우가 많을 것이다. 셋째, 미래를 위한 최선의 투자는 영향력이다. 오히려 사람들은 높은 권력과 권위를 위해 전력투구하는 경우가 많을 것이다. 넷째, 영향력은 계발될 수 있는 기술이다. 영향력을 기술이라고 표현한 것은 사람이 노력하기에 따라 얼마든지 습득할 수 있다는 뜻이다.

영향력은 전파력이 대단하다. 긍정 바이러스다. 인도의 간디를 예로 들어보자. 간디(1869-1948년)의 사상을 말할 때 무저항 비폭력 운동을 떠올린다. 무저항 비폭력 운동은 순전히 간디의 신념체계에서 나온 것만은 아니었다. 이 사상의 뿌리는 성서의 산상수훈[19]과 《월덴》으로 알려진 미국의 문학가이며 사회사상가인 헨리 소로우의 사상으로 거슬러 간다.[20] 간디는 소로우의 <시민 불복종>(Civil Disobedience) 사상에 깊은 감명과 영향을 받았다. 간디는

---

18 강준민 역. 앞의 책. pp. 24-28.
19 신약성서 마태복음 5-7장, 예수가 갈릴리 호수가의 산위에서 기독교인으로서의 덕에 관하여 행한 설교.
20 Fischer, L. (1950). *Gandhi: His life and message for the world*. 조영진 역 (1989). 간디. 서울: 두풍. pp. 47-56.

소로우의 사상을 하나의 신념체계로 승화시켜 비폭력 무저항 운동을 완성하였다. 그는 동시대 사람인 러시아 톨스토이와도 깊은 교분을 쌓으면서 사상적 영향을 주고받았다. 톨스토이는 간디와는 한 번도 만난 적이 없었지만, 간디의 평화적 저항운동에 대해 확고한 지지를 보내주었다. 다음은 톨스토이가 간디에게 보낸 편지글이다.

"친애하는 벗이여, 당신의 편지와 더불어 당신의 책《인도의 자치》를 받았습니다. 아주 흥미 있게 읽었지요. 당신이 이 책에서 다루고 있는 평화적 항거의 문제가 내게는 인도를 위해서뿐만 아니라 인류 전체를 위해서 아주 중요하다고 생각되기 때문입니다. (중략) 지금 건강 상태가 그다지 좋지 못해서, 참으로 존중해 마지않는 당신의 일과 당신의 책에 관하여 하고 싶은 말을 전부 쓰지는 못하겠지만, 몸이 나아지는 대로 곧 쓰도록 하겠습니다. 당신의 친구이자 형제인 톨스토이."[21]

위대한 리더 한 명의 영향력은 동시대는 물론 후대에까지 지속적이고 광범위한 영향을 미친다. 그 영향력은 시공을 넘어 전파되고 확산된다. 간디의 무저항 비폭력 운동은 미국의 흑인 인권운동가인 마틴 루터 킹 목사에게 영향을 미쳤다. 미국의 흑인들이 자신들의 권리를 찾기 위해 싸워온 투쟁의 역사는 폭력으로 얼룩지기도 했지만, 킹 목사는 간디의 사상을 내면화시켜 저항은 하되 비폭력으로 맞서 싸웠다.[22] 오늘날 미국에서 유색인의 인권 역사에서

---

21 Roy, L. (2002). *Gandhi*. 백선희 역(2003). 간디. 서울: 동아일보사. p. 30.
22 미국 흑인들의 투쟁의 역사와 관련해서는 <조선혜 역. 앞의 책> 참조.

킹 목사의 역할을 무시할 수 없다.

지금까지 리더십을 이해하는 키워드가 되는 권위, 권력, 영향력에 대해 살펴보았다. 이제 개념상의 혼란과 혼선이 정리되었을 것이다. 중요한 대목인 만큼 다시 정리하기로 하자.

권력이란 강제성이 동반된다. 권력행사자는 자신의 지시나 명령을 따르길 원하지 않는 사람에 대해서조차도 자신의 지위 또는 세력을 이용하여 권력 수용자의 행동을 강제 또는 지배하는 능력을 가리킨다. 반면 권위란 권력 수용자의 자발성에 기초를 두고 있으며, 권력 행사자인 개인의 영향력에 의해 사람들이 기꺼이 자유의 지대로 행동하게 하는 일종의 기술이다.

18세기 박지원의 소설 《양반전》에 나오는 주인공들은 양반의 자리를 사고 팔 수 있었다. 돈을 주고 신분과 직업을 매관매직하였다. 그러나 권위는 교환이나 거래의 대상이 될 수 없다. 권위란 개인의 지위가 낮거나 그가 가진 권력이 적더라도 얼마든지 가질 수 있지만, 거래되거나 교환되는 순간 그 권위는 소멸되고 만다.

영향력이란 권력이나 권위가 상대방에게 작용하였을 때의 결과를 말한다. 인디언 부족의 속담에 이런 구절이 있다. "네가 태어났을 때 너는 울었지만, 세상은 기뻐했다. 그리고 네가 죽을 때 세상은 울겠지만, 너는 기뻐할 수 있는 그런 삶을 살아야 한다!"[23] 한 개인이 태어나서 무덤에 묻힐 때까지 타인에게 얼마나 영향을 미쳤는지를 곰곰이 생각해 볼 필요가 있다. 이 세상에 태어나 살면서 타인에게 얼마나 영향을 주었고 자신은 누구에게 얼마나 영향을 받았는지를 따져보는 것은 그 무엇보다 의미 있는 일이 될 것이

---

23 김광수 역. 앞의 책. p. 198.

다. 자신으로부터 비롯된 영향력이 타인에게 전달되어 그 사람의 삶에 잔잔한 파장이 일었다면 얼마나 큰 보람이겠는가. 이렇듯 영향력은 지위가 높다든지 권력이 많다든지 하는 것과 반드시 비례하지 않는다.

영향력의 예시를 인간에서 동물의 세계로 옮겨보자. 영향력에 관한 한 동물의 세계도 인간세계와 마찬가지인 것으로 관찰되고 있다. 일반적으로 우리들은 동물의 세계에서 영향력이 가장 큰 동물은 먹이사슬 피라미드 꼭대기에 있는 사자나 호랑이 아니면 표범 등의 최상위 포식자일 것이라고 생각할 것이다. 사실은 전혀 그렇지 않았다. 먹고 먹히는 정글의 법칙이 엄존하는 동물의 세계에서 가장 영향력이 큰 동물은 검은꼬리누였다. 검은꼬리누는 먹이사슬의 맨 아랫단에 위치한 동물이다. 《동물의 왕국》에서 수백 수천마리의 검은꼬리누가 강을 건너 이동할 때 기다리던 악어떼들이 먹이사냥을 하는 모습이 자주 등장한다.

세계 최대의 동물보호구역인 아프리카 세렝게티 국립공원에 서식하는 동물들의 생태를 관찰한 결과에 따르면 검은꼬리누가 가장 영향력이 있는 동물인 것으로 밝혀졌다. 군집수가 엄청난 검은꼬리누는 나무가 없는 평원에서 풀을 뜯어먹으면서 초본을 다양하게 만드는 1등 공신이었다. 처음에 그들은 키큰 풀을 먹는 데 큰 키의 풀들이 없어지면 키작은 식물이 빛과 영양분을 받을 기회가 많아져 초록의 평원이 유지될 수 있다. 큰 풀이 없으면 화재가 날 확률도 줄어든다. 검은꼬리누는 아프리카 초원의 풀밭을 가꾸는 농부다. 연구자는 이렇게 말한다. "검은꼬리누가 없다면, 세렝게티도 없을 것이다." 검은꼬리누가 세렝게티에서 군집의 구조와 조절에 파격적 영

향을 미치는 핵심종(keystone species)이다.[24]

필자는 학부에서 <지도자론>을 강의하면서 영향력과 관계된 리포트를 수강생들에게 작성하게 하였다. 리포트 주제는 다음과 같다. 여러분 각자에게 긍정적이고 의미 있는 영향을 미친 사람들이 있다. 그 가운데 한 사람을 선정하여 다음의 물음에 답해보기 바란다. "① 그 사람은 누구인가? 나와 어떤 관계인가? ② 그가 나를 어떻게 대했는가? 그리고 그에 대해 어떤 느낌을 갖도록 했는가? ③ 그 사람이 나 자신에게, 그리고 그에 대해 어떤 느낌을 갖도록 했는가? ④ 그가 현재 살아있건 그렇지 않건 간에 나는 그들에 대해 어떤 느낌을 가지고 있는가? ⑤ 왜 그들이 그렇게 행동했다고 생각하는가?[25] 학습자의 입장에서 누구에게 어떤 영향을 받았는가에 대해 서술하도록 하였는데 그 반응이 다양하였다. 일부 학습자들은 리포트 작성을 계기로 자신에게 소중한 영향을 미친 사람을 정리해 볼 수 있는 유익한 시간이 되었다고 하였고, 또 일부 학습자들은 자신에게 영향을 미친 사람을 찾기가 어려웠다는 반응을 보였다. 또 몇몇 학습자들은 아예 찾을 수가 없다면서 안타깝다는 반응을 보이기도 하였다. 학습자들은 리포트 작성으로 힘든 시간을 보냈겠지만, 영향력이란 의미에 대해 각별한 의미를 깊이 새겼을 것이다.

---

24 Carroll, S. B. (2016). *The Serengeti rules*. 조은영 역(2019). 세렝게티 법칙. 서울: 곰출판. pp. 190-226.
25 장성민 역. 앞의 책. p. 154.

리포트를 제출한 수강생들이 어떤 사람에게 긍정적이고 의미 있는 영향을 받았는지에 대한 결과를 대상자별로 정리하였다. 이런 과정을 통해 우리들 각자가 얼마나 소중한 인격체이고 우리 자신들이 우리 주변의 얼마나 많은 부류의 사람들로부터 영향을 받고 줄 수 있는지에 대해 생각할 수 있는 기회가 되었다(참고로, 필자가 가르치는 학습자들은 대부분이 성인학습자들이고 그 가운데에서도 80% 이상이 직장인으로 구성되어 있다).

182명의 수강생들이 자신에게 긍정적이고 의미 있는 영향을 끼친 사람이라고 응답한 결과는 다음과 같다. 반응이 많은 순서대로 표기하면, 직장(상사, 사장, 동료, 부하직원) 57명, 가족(아버지, 어머니, 남편, 아내, 언니) 40명, 종교(목사, 예수, 권사, 장로, 신부, 선교사, 스님) 39명, 교육기관(교사, 교수, 강사, 교장, 태권도 사범) 25명, 친구 6명, 군대(선임하사, 부대작전관) 3명, 대통령 2명, 기타(사진작가, 노동운동가, 테레사 수녀, 여성작가, 외교관 등) 10명으로 나타났다.

응답 분포를 보면 우리들 주변에는 영향을 주고받을 사람으로 가득 차 있음을 알 수 있다. 필자가 소속한 대학의 학부생들은 성인이며 직장인이기 때문에 직장 내에서 영향을 많이 받은 것으로 보인다. 존 맥스웰의 "리더십은 곧 영향력이다"라는 진술에 신빙성이 있음을 확인할 수 있다. 무엇보다 인간은 쌍방 간에 서로 영향을 주고받을 수 있는 유일한 영장류이고, 누군가에 영향을 미친다는 것에 삶의 의미를 부여하는 존재라는 점이다.

옛 성현의 말에 화무십일홍(花無十日紅), 권불십년(權不十年)이라는 경구가 있다. "꽃은 10일을 피어있지 못하고, 권력은 10년을 가지 못한다"라는 이 경구는 권력의 유한함과 허무함을 깨우쳐 준다.

이제 권위, 권력, 영향력의 개념에 대해 이해하였으니 궁극적으로 리더라면 어떤 가치와 유형을 더 중요시 여겨야 하는지에 대해 판단할 수 있을 것이다.

 사색의 창 · · · · · · · · · · · · · · · · · · · · · · · · · · · · · · · ·

"한 사람의 인생이 의미를 갖는 때는 다른 사람의 인생에
영향력을 미칠 때다."

-재키 로빈슨-

· · · · · · · · · · · · · · · · · · · · · · · · · · · · · · · · · · · ·

Chapter 03

# 거인의 어깨에서 본
# 미래 사회와 교육

모든 것은 지식으로 통한다.

-피터 F. 드러커-


지금까지 리더십이란 무엇인가에 대해 학자, 기업가, 연구자들의 견해를 중심으로 살펴보았다. 리더십에 대한 연구자와 그 개념이 다양하다는 것을 확인할 수 있다. 리더십의 필요성에 대해서는 리더십의 핵심적인 구성요소로서 권위, 권력, 영향력의 개념을 곁들여 설명했다. 더불어 교육자들이 교육기관에서 혼용하여 사용하거나 혼란을 겪는 카리스마와 리더십에 대한 비교와 함께 리더와 관리자의 차이점에 대해서도 살펴보았다. 필자는 리더십에 대한 다양한 관점과 하위 구성요소를 정의내리면서 기존에 리더십에 대해 가지고 있었던 잘못된 생각을 바로잡고 오해를 해소할 수 있길 기대한다. 리더십의 기본적인 소양과 함께 인식 전환도 이루어지면 금상첨화다.

이제 우리들은 교육의 영역에서 급격하게 변화하는 미래사회의 교육환경과 교육 패러다임에 주목할 필요가 있다. 교육계의 리더로서 교육자들은 미래의 교육환경의 변화를 직시하면서 새로운 교육체계와 교육방식에 대해 주도면밀하게 대비해야 한다. 미래 사회와 미래 교육의 변화에 대해 생각해보기로 한다.

현대사회는 4차 산업혁명기에 놓여 있다. 빌 게이츠의 표현대로 세계가 빛의 속도로 변하기 때문에 4차가 언제 5차가 될지 모른다. 첨단의 테크놀로지가 인간의 생활과 직업세계를 송두리째 바꿔놓고 있다. 과학기술과 정보통신의 발달은 산업구조를 변화시키고 우리 사회는 점점 다원화, 고도화를 경험하고 있다. 모든 변화의 양상이 가히 혁명적이다. 세상이 얼마만큼 변화하고 있는가를 알 수 있는 바로미터는 직업의 종류를 따져 보는 것이다.

한국고용정보원이 2012년부터 2019년까지 사업장 직무 조사를 통해 우리나라 직업을 집대성한 《한국직업사전》(제5판)에 따르면 우리나라 직업 종류는 16,891개로 2012년 발간된 제4판(조사연도: 2003년-2011년)에 비해 5,236개가 증가한 것으로 나타났다. 새로 등재된 신생 직업은 주로 4차 산업혁명 등 과학기술 발전, 고령화 등 인구학적 변화, 전문화 등 사회 환경의 변화, 정부 정책 등 제도 변화에 따라 생겨났다. 무엇보다 모바일 등 디지털기기와 소프트웨어(앱) 등의 확산과 정보통신기술, 인공지능, 사물인터넷 등 디지털기술이 직업의 생성과 쇠퇴에 큰 영향을 미친 것으로 분석되었다.[1] 마치 나뭇가지가 여러 갈래의 분지를 만들고 무성한 숲을 이루는 것처럼 직업도 수십 수백 종으로 세분화되고 있다. 미래사회에는 우리들이 미처 생각하지 못한 직업들이 얼마나 많이 출현할지 모른다.

국제화와 정보화 역시 사회 변화를 가속화시키는 중요한 견인차 역할을 하고 있다. 국제화와 정보화 속도에 가속이 붙으면서 국가 간, 지역 간의 지리적 경계와 장벽이 사라지고 세계는 빠르게 하나의 타운 내지는 마을 단위를 형성해 나가고 있다. 유럽연합(EU)을 보라. 27개 회원국은 마치 제 집 드나들 듯 한다. 파리에 사

---

1 김중진 외. (2020). 한국직업사전(통합본 제5판). 서울: 한국고용정보원.

는 글로벌 씨는 아침에 이탈리아로 가서 현지 비즈니스를 하고 여유 있게 점심을 먹고 당일 저녁 집으로 올 수 있다. 국가 내에서 반나절 또는 일일 생활권이라는 말은 흔한 현상이 되었지만, 이제 국가 간에도 낯선 일이 아니다. 마샬 맥루한이 제기했던 지구촌(global village)[2]은 기대보다 그 속도가 훨씬 빠르게 진행되고 있다. 정보통신과 컴퓨터가 결합하여 만들어 낸 정보통신기술 혁명은 거리의 소멸을 가져왔다.[3]

테크놀로지의 고도화, 국제화, 정보화 등 현대사회를 변화시키는 견인차들은 교육의 영역에 있어서도 커다란 변화를 일으켜 교육의 내용과 방식에서 패러다임의 변화를 요구하고 있다. 과거의 교육과 현재의 교육의 형태를 비교하면 얼마만큼 교육의 패러다임이 크게 바뀌었는지를 확인할 수 있다. 과거 20세기 중반까지만 해도 교육이란 교육기관, 교육당국, 지역사회, 교육자 등의 공급자 위주로 진행되었다. 학습자는 특정의 시간과 특정의 장소에 모여 교육을 받았다. 학습자는 반드시 형식적인 교육기관에 출석하도록 요청받았다. 가르치는 교재도 일정한 형태로 형식화되어 있었고 가르치는 교육자도 일정한 자격증을 갖추도록 요구하였다. 교육의 방식도

---

2 맥루한은 텔레비전을 지구촌을 이끌 도구로 보았다. 오늘날에는 통신위성 (communication satellite)이 그 몫을 담당하고 있다(Naisbitt, J. (1984). *Megatrends: Ten new directions transforming our lives.* New York. NY: Warner Books. p. 3). 또한 Kouzes 등은 global village를 electronic global village로 바꾸어, 인터넷과 무선통신기술이 지구 땅덩어리를 모빌폰만큼의 크기로 축소시켰다고 한다(Kouzes, J. M., et al. (2002). *The leadership challenge.* San Francisco, CA: Jossey-Bass. p. 14.)

3 Cairncross, F. (1997). *The death of distance.* 홍석기 역(1999). 거리의 소멸. 서울: 세종서적. pp. 26-30.

교육자가 일방적으로 학습자에게 지식이나 기술을 주입시켰다. 교육은 곧 교육기관을 중심으로 한 대면방식의 형식교육이 주류였다.

오늘날 배우는 사람은 '교육수요자'란 명칭으로 바뀌었고 교육에도 시장원리가 도입되었다. 교육시장이 출현하여 경쟁력이 없는 교육기관이나 교육자는 시장의 원리에 따라 퇴출되는 상황을 맞이하였다. 학습자는 시장에서 물건을 사는 소비자 또는 고객으로 비유된다. 학습자는 반드시 학교에 출석할 필요가 없다. 가르치는 교재도 다양화되어 반드시 교과서 형태를 갖추지 않아도 된다. 교육자도 교사자격증을 갖출 필요가 없게 되었다. 가르치고자 하는 분야의 전문적 기술과 지식을 갖추고 있다면 그 사람이 바로 교육자가 될 수 있다. 기존의 형식교육에 비형식교육 내지는 무형식교육이 추가되었다.

디지털화된 교육환경 또한 교육체계나 교육방법에 있어 변화를 가져왔다. 디지털 세계가 출현함으로써 서로 상이한 학습 분야를 통합하였다.[4] 과거에는 학문의 영역 사이에도 높은 장벽이 있었는데 디지털 환경은 학문 간의 장벽을 허물어 버렸다. 교육자도 매뉴얼에서 정하고 있는 교육방식을 따를 필요가 없다.

교육을 둘러싼 환경의 급격한 변화와 사회적 요구는 교육의 방식과 체제에도 변화를 가져오는 임팩트가 되었다. 교육체제는 학교라는 형식적 교육기관에서 형식교육과 비형식교육을 포함하는 평생교육체제로 확장되었다. 교육받기를 원하는 사람은 시간, 장소, 연령의 구애를 받지 않고 교육의 기회를 가질 수 있다. 교육은 어

---

4 Negroponte, N. (1995). *Being digital*. 백욱인 역(2000). 디지털이다. 서울: 커뮤니케이션북스. p. 4.

느 시점에서 끝나는 것이 아니라 태어나서 삶을 다할 때까지 배움의 과정에 놓여 있다. 생애 차원의 종적 과정(lifelong)과 사회적인 삶의 횡적 과정(lifewide)이 학습 매트릭스를 만든다. 교육환경의 급격한 변화는 전통적인 학교교육 외에 다양한 교육의 형태가 등장하는 계기를 만들었다. 인터넷을 이용한 온라인 교육, 방송통신을 통한 원격교육,5 기업의 사내교육, NGO 단체의 시민교육, 박물관과 미술관 등 문화예술기관의 비형식교육 등 수없이 다양한 형태의 교육이 이루어지고 있다.

이 중에서도 원격교육체제는 지식정보화 시대를 대변하는 교육일 뿐 아니라 제도권 교육의 대안으로 생겨난 새로운 교육패러다임의 형태라고 볼 수 있다. 온라인 또는 사이버교육을 총칭하는 원격교육은 기존의 방송과 통신을 통한 교육과는 차원이 다른 최첨단의 정보통신기술과 교육에 대한 사회적 요구를 절묘하게 연결시킨 교육패러다임으로 부상하였다. 정규교육의 기회를 놓친 사람이나 그 기회에서 소외당한 사람들에게는 축복임에 틀림없다. 오늘날처럼 학습자가 시간과 공간, 지리적 경계나 거리와 상관없이 교육을 받을 수 있었던 때는 없었다.

2019년 12월 시작된 코로나19는 정치, 경제, 사회, 문화, 교육, 예술, 스포츠 등 우리 사회의 모든 분야에서 새로운 표준(New Normal)을 가져왔다. 교육기관 역시 새로운 표준에 따라 교육생태계의 본질적인 변화에 직면하게 되었다. 전통적으로 교육기관이나 교실에서 이루어져 왔던 대면교육에서 디지털기기를 활용한 온라인

---

5 고등교육법 2조(학교의 종류)는 방송대학·통신대학·방송통신대학 및 사이버대학(이하 "원격대학"이라 한다)으로 규정하고 있다.

교육 또는 사이버교육이 주를 이루게 되었다. 에듀테크의 교육산업이 미래 유망 산업으로 부상하게 되면서 학습자들은 전통적 교육방식에 VR, AR, AI, 빅데이터 등 첨단 기술을 융합한 새로운 교육경험을 하게 되었다.

교육을 둘러싼 환경의 변화는 과거와 다른 교육 리더십을 요청한다. 새 술은 새 부대에 담아야 한다. 보수적이라는 평가를 받는 교육계의 리더들도 교육 안팎의 거센 파도에 방관할 수 없다. 앨빈 토플러는 사회 주요 기관에서 변화의 속도에 얼마나 빨리 대처하는가를 속도로 나타냈다. 기업은 100마일, NGO 등 시민단체는 90마일, 가족은 60마일, 노동조합은 30마일, 정부와 관료 조직은 25마일, 유엔 등의 국제기구는 5마일, 그리고 정치조직은 3마일이다.[6] 학교의 변화 속도는 얼마나 될까? 10마일이다. 독자에 따라서는 생각보다 빠르거나 늦다고 볼 것이다. 차를 몰고 10마일로 달려보라. 차라리 걷거나 뛰면 더 빨리 목적지에 도달할 것이다. 변화의 대응 속도를 보면 교육기관이 얼마나 변화에 둔감한 조직체인 줄 피부로 체감할 수 있을 것이다.

"19세기 교실에서 20세기 교사가 21세기 아이들을 가르친다." 우리 교육을 희화화한 말로 웃고 넘어갈 수도 있지만, 우리 교육의 정곡을 찌르는 말이 아닐 수 없다. 교육의 위기는 그 위기를 느끼지 못하고 심지어는 아예 알고자 하지 않는 데에서 시작된다. 교육계 리더들의 위기불감증은 곧 교육의 총체적 위기를 가져온다.

우리나라 교육은 많은 문제에 직면하고 있다. 공교육의 위기를

---

6 Toffler, A. (2006). *Revolutionary wealth*. 김중웅 역(2006). 부의 미래. 서울: 청림출판. pp. 62-70.

넘어 붕괴라는 끔찍한 용어를 사용하는 것에서 알 수 있듯이, 교육이 담당해야 할 본질적인 역할과 기능마저도 사회적 신뢰를 얻지 못하고 있는 형편에 놓여 있다. 초·중등교육에서 고등교육에 이르기까지 하나같이 부실을 면하지 못하고 있는 실정이다. 엎친 데 덮친 격으로 코로나19의 대유행으로 대면교육을 실시하지 못하는 공교육이 전대미문의 도전과 시련을 극복하지 못하면 신뢰 회복의 기회를 영원히 놓칠 수도 있을 것이다. 우리나라처럼 인적 자원을 근간으로 국력을 키워나가는 국가에서는 교육이 사회와 국가발전의 중추 동력으로 정치, 경제, 사회, 문화 등의 영역을 선도적으로 이끌고 가야 한다. 질적 수준을 경시하고 양적 팽창에 의존해 온 우리의 교육 현실은 기대에 미치지 못한 실정이다. 교육 현실에 대한 실망과 불만에 따른 결과는 조기유학을 비롯하여 외국학교의 진학률 증가로 나타났다. 스위스 국제경영개발연구소(IMD)가 발표한 '2019년 국가 경쟁력' 중 대학교육 경쟁력 항목에서 우리나라는 63개국 중 55위를 차지하였다.[7]

지식기반사회에서 교육이 중심이 되고 교육기관이 지식사회를 이끄는 중추적인 기관이 되어야 함에도 과연 교육이 바로 서 있고 중심에 있는지 진지하게 생각해 볼 일이다. 이제까지 우리나라 교육은 산업화시대에 적합한 교육의 패러다임, 즉 대량생산을 담당할 노동력의 양성과 대량 배출에 초점을 맞춰 왔다. 교육의 양적 팽창은 값싼 노동력을 제공하는 데 기여하였지만, 교육의 부실을 가져왔다. 지식기반사회에 적합한 교육의 시제로 탈바꿈되어

---

7 교육부. (2020). 대한민국 교육경쟁력 순위. http://www.index.go.kr/에서 2020년 1월 7일 인출.

야 한다.

미래 학자들은 어떤 관점과 시각에서 미래 사회와 교육을 바라보고 있는가? 그들의 날카로운 예지력과 통찰력을 살펴볼 필요가 있다. 그들의 예측과 전망은 교육계 리더들이 지향해야 할 나침반과 같은 역할을 할 것이다. 미래에 전개될 변화의 양상을 알고 대처하는 것과 막연한 생각만 가지고 있는 것과는 많은 차이가 있다. 다방면의 전문가들이 미래사회의 모습을 전망하고 있다. 여기서는 존 나이스비트, 피터 드러커, 그리고 앨빈 토플러의 미래사회에 대한 전망을 개략적으로 살펴본다. 그들의 전망은 기정사실화된 경우가 많아 경우에 따라서는 진부한 이야기로 들릴 수 있지만, 여전히 깊은 함의를 담고 있어 교육영역에 접목하여 논의할 필요성이 충분하다고 생각한다. 필자는 세 사람은 수십 년 전에 미래사회의 변화를 정확히 예측한 미래학의 대가요, 현인들이라고 생각한다. 드러커와 토플러는 고인이 되었지만, 그들이 남긴 미래사회의 예측과 전망은 미래사회와 미래교육이 나아갈 나침반 역할을 하는 데 변함없이 소중한 유산이 된다.

## 01 존 나이스비트(John Naisbitt)

존 나이스비트(1929~)는 미래사회의 거대한 변화의 물결을 메가트렌드(megatrends)로 이름 붙여 설명하였다. 필자는 1987년 학부의 <교육행정학> 수업에서 나이스비트의 <Megatrends: Ten new directions transforming our lives>를 원서로 읽고 발표했다. 당시만 해도 컴퓨터 보급도 제한적이었고 모바일 폰도 없었던 때였다. 지금 생각해도 교수님의 혜안이 돋보였다. 교육계에서 미래사회의 변화도 미리 알고 대처하라는 것이었다. 나이스비트가 주장하는 트렌드는 교육은 물론 사회 전반에 걸쳐 실현되었거나 진행 중이다.[8] 여기에서는 그의 열 가지 트렌드를 항목별로 나열하기보다는 교육 분야와 관련되는 여섯 가지 트렌드만을 선택하여 설명하고자 한다.

첫째, 미래사회는 산업사회에서 정보화사회로 이동한다. 정보화사회로의 이행을 지금 시점에서 보면 진부한 트렌드로 볼 수도 있지만, 나이스비트가 1980년대 초 이런 분석과 전망을 내놓기는 쉽지 않았다. 과거를 뒤돌아보면 당시에는 획기적인 변화들이었던 것들도 현재 시점에서는 특별히 눈길을 끌 만한 것이 아닐 수도 있다.

---

8 Naisbitt, J. 앞의 책. pp. 1 - 278.

정보화사회라는 용어는 새로운 아이디어가 아니고 현대인에게
는 현실 속의 실체가 되었다. 정보화사회는 지식정보화사회 내지는
지식기반사회라는 용어를 사용하기 바로 전의 용어이다. 나이스비
트에 따르면, 미국에서 정보화사회의 기점은 1956년이다. 1956년
대서양을 횡단하는 케이블 전화가 도입되었고, 처음으로 화이트칼
라의 노동자 숫자가 블루칼라 노동자 숫자보다 앞섰다. 1957년 10
월 4일 소련이 스푸트니크 인공위성 발사에 성공하면서 위성통신시
대를 열었다.

정보화사회로 이행되면서 정보가 권력의 중요한 원천으로 등
장하였다. 정보화사회에서 권력의 원천은 소수가 쥐고 있는 돈이
아니라 다수의 손에 있는 정보였다. 보수적인 교육의 영역에서도
정보화사회에 적응해 나갔다. 주판과 같은 아날로그 교구나 교재로
가르치던 학교의 교과목이 컴퓨터로 대체되었고, 교수 방법에 있어
서도 첨단교재가 사용되고 있다.

정보화사회는 곧 정보화 교육으로 이어져 교육의 각 영역에서
컴퓨터, 인터넷 등 정보통신을 이용한 교육이 활발하게 진행되었
다. 산업화시대의 공고 또는 상고로 불리던 실업계 학교들은 인터
넷 고등학교 또는 정보고등학교 등으로 학교명을 바꿨다. 정부 주
도로 사교육 과열을 완화하는 대안으로 시작된 인터넷 방송 교육은
교육방식의 패러다임을 바꿔 놓았다.

둘째, 하이테크사회가 될수록 하이터치 기술을 더 필요로 한
다. 현대인들은 과학기술의 발달을 통한 신체적 편리함에 발맞추어
정신적인 안정감이나 편안함을 활발하게 추구한다. 요가, 명상요법,
선(禪) 등의 정신 단련과 수양을 위한 다양한 기법이 인기를 얻고

있는 것도 하이테크가 고도화될수록 하이터치에 관심이 많다는 방증이다. 하이테크가 인간의 이성을 중시한다면 하이터치는 인간의 내면에 있는 감성을 강조한다. 인간은 신체와 정신의 균형을 필요로 한다. 이 균형이 무너지면 문제가 생긴다.

우리나라도 하이테크 산업의 발달로 IT 교육 또는 온라인교육 분야에서 상당한 성공을 거두고 있다. 일례로 2001년 9개로 시작된 사이버대학은 2020년 기준 24개로 증가했다. 사이버대학 역시 고등 교육기관으로서 정규대학 과정의 강의를 진행하고 있다. 지식정보화사회의 교육기관으로서 역할을 톡톡히 하고 있다. 10만 명이 넘는 성인학습자들이 인터넷으로 학습하면서 취업준비, 직무개발, 자기계발, 자아실현 등 다양한 학습목표를 실천하고 있다. 필자 역시 사이버대학에서 강의를 하면서 느끼고 있지만, 사이버대학의 교수는 하이테크 매체를 활용하여 공부하는 학습자들에게 일반 대학에서보다 더 많은 배려와 관심을 가져야 한다는 생각을 한다. 대면교육을 하는 일반대학에서는 교수와 학습자 간에 인간적인 교류와 교감으로 하이터치가 가능하지만, 사이버대학에서는 하이터치가 어려울 수 있다.

필자의 경우 대부분의 강의를 온라인으로 진행하고 있지만, 매 학기 1~2회 직접 만나 대면 강의를 한다. 사이버대학에서 대면 강의는 의무 출석이 아니지만, 참여한 학습자들의 반응은 매우 뜨겁다. 이들은 대면 수업을 통해 소속감을 확인하고 동료들 간의 친밀감을 형성하면서 학습동기를 강화시켜 나가는 것을 확인할 수 있다. 성인학습자들이 공부하면서 생기는 스트레스와 피곤함을 완화시키기 위해 음악, 미술 감상, 명상, 요가 등의 웰빙 콘텐츠를 제공하는데 학습자들로부터 좋은 반응을 얻고 있다. 하이테크 시대에 감성을 관리하는 하이터치의 필요성을 실감한다.

골린 코프와 캐시 허쉬－파섹은《최고의 교육》에서 인간이 가진 무형의 연성 기량(soft skill)의 필요성을 강조했다. 지금도 학교에서 단순 암기를 통해 시험으로 측정 가능한 유형의 기량(hard skill)을 중요시하고 있다. 어떻게 문제를 해결하고 어떤 과정을 겪었는가 보다는 몇 개의 정답을 골랐는가에 관심이 많다. 인식의 대전환이 필요하다. 교육이 지향하는 목표는 타인과 협업하고, 함께 문제를 해결하고, 자신의 감정을 조절하는 소프트 스킬을 구비한 인재 양성으로 변화해야 한다. 그들은 4차 산업혁명 시대에 필요로 하는 인재형은 6C 역량을 갖춰야 한다고 주장했다. 6C는 협력(Collaboration), 의사소통(Communication), 콘텐츠(Content), 비판적 사고(Critical Thinking), 창의적 혁신(Creative Innovation), 자신감(Confidence)이다.[9]

코프와 허쉬－파섹의 주장은 보는 사람의 관점에 따라서는 전혀 새로울 것이 없다. 오늘날 교육의 실제와 현상을 유심히 관찰하는 교육자, 교육학 전문가, 교육당국, 정책입안자, 기업가, 학부모 등도 미래 교육이 지향해야 할 방향과 현대인에게 필요한 역량에 대해 이야기할 때면 으레 협력 또는 협업, 의사소통, 비판적 사고, 창의성, 자신감 등에 대해 이야기한다. 평범한 단골 메뉴였을 법한 6C 중에 눈길을 끄는 요소가 있다. 콘텐츠다.

원래 콘텐츠라고 하면 서적이나 논문 등의 내용이나 목차를

---

9 Golinkoff, R. M., & Hirsh－Pasek, K. (2016). *Becoming brilliant*. 김선아 역 (2018). 최고의 교육. 서울: 예문아카이브. pp. 24－31.

일컫는 말이지만, 요즘에는 인터넷 등 디지털기기를 통해 제공되는 각종 프로그램이나 내용물을 통칭하는 디지털화된 정보를 말한다. 그들이 주장하는 콘텐츠는 어떤 의미일까? 학습자들이 학습을 하거나 직간접적인 경험을 통해 형성된 역량으로서 5C의 과정이나 결과로 습득 또는 체득된 능력이다. 어떻게 문제를 해결할 것인가? 어떻게 배울 것인가? 어떻게 협력할 것인가? 어떻게 소통할 것인가? 어떻게 살 것인가? 등에 대한 자신만의 통합적 능력이다. What이 아니라 How에 방점이 있다. 이 능력은 개인이 가지고 있는 문제해결의 열쇠요, 노하우다. 지식과 정보의 일반화를 통해 그 원리를 이해하고 응용이 가능한 능력이다. 누가 대신 해줄 수 있는 것이 아니다. 디지털기기가 지식과 정보를 디지털화된 정보로 변환하여 인간에게 각종 프로그램을 제공하는 것처럼, 개인 역시 자신만이 터득한 원리를 토대로 고유한 콘텐츠를 형성하는 것이다. 이게 지식정보사회에 필요한 개인의 콘텐츠다. 원리를 터득하게 되면 자기지도학습(self-supervised learning)이 가능하다. 마이클 폴러니의 지식유형으로 표현하면 암묵지(tacit knowledge 暗默知)이다. 개인이 자신만의 콘텐츠를 갖추게 되면 독창성과 창의성을 발현할 수 있고 고도의 전문성을 갖출 수 있다. 하나의 원리를 이해하면 다른 문제도 쉽게 풀린다.

자기지도학습이 가능한 암묵지는 원소스 멀티유스(One-Source Multi-Use)를 연상시킨다. 잘 만든 원천 소스 하나만 있으면 다목적적으로 활용이 가능하다. 하나의 사례로 조안 롤링의 소설《해리 포터》를 생각해보자.《해리포터》는 캐릭터, 애니메이션, 영화 등 각종 문화콘텐츠로 응용되어 세계적으로 해리포터 신드롬으로 이어졌다.[10] 여기서 깊이 유념할 점이 있다. 이 두 사람은 개인이 콘텐츠 역량을 구비하는 학습은 청소년 시기에 이뤄지는 제도권 교육에서 끝나는 것이 아니라 평생에 걸친 평생학습으로 이뤄져야 한다는 점을 강조한다.

앞에서 연성기량, 즉 소프트 스킬에 대해 장황한 설명을 부연했다. 그만큼 중요하다는 점을 강조한 것이다. 다시 정리를 해보자. 하이테크 사회에서 전문 지식이나 기술 등 기교 중심의 재능 (technical skills)을 갖춘 인재의 필요성에 대해서는 누구나 공감할 것이다. 하지만 하이테크와 하이터치의 균형과 조화가 무엇보다 강조되어야 한다. 하드 스킬에 올바른 윤리의식, 원활한 의사소통, 정보수집 능력, 원만한 대인관계 등의 연성 기술이 함께 한다면 금상첨화가 될 것이다. 기교 중심의 지식이나 기술을 중시하는 교육에 새로운 방향을 제시한 것으로 받아들여진다. 한쪽으로 치우친 것은 문제를 일으킨다. 소프트 스킬과 하드 스킬의 조화가 필요하다.

셋째, 국가경제에서 세계경제로 이행된다. 과거 5, 60년대에는 특정 국가가 세계경제를 좌지우지하였다. 세계의 시장을 독식 했다는 표현이 맞을 것이다. 미국은 60년대에 전 세계 제조업의 25%를 차지했다. 자동차, 철강, 전자제품의 경우에는 95%를 생산하였다. 다원화, 다각화 된 세계에서는 상상할 수 없는 시장 점유율이다. 만약 이런 현상이 오늘날 나타난다면 이해 당사국들이 가만있지 않을 것이다. 세계무역기구(WTO)에 제소하거나 자국의 관세율을 높여 보호무역조치를 취할 것이다.

오늘날은 몇 나라가 세계경제를 지배하는 폐쇄적인 경제환경이

---

10 최연구. (2013). 문화콘텐츠란 무엇인가. 파주: 살림. pp. 60-65.

아니다. 치열한 시장경쟁에서 이겨내야 생존할 수 있는 열린 경제환경에 놓여 있다. 분야마다 최고의 품질을 확보하지 않으면 살아남기 힘들다. 국경을 초월하여 세계 어느 곳이나 시장이 형성되어 있다. 오늘 1등이라고 자만하고 시장의 요구를 무시하거나 읽어내지 못하면 추락하는 것은 시간문제다. 우리나라 자동차 시장만 해도 한국산 자동차 외에 일본산, 유럽산, 미국산 등 다품종의 자동차가 시장을 형성하고 소비자의 선택을 기다리고 있다. 한국무역협회에 따르면 2019년 기준 세계 수출 시장 점유율 1위를 차지한 우리나라 제품은 68개로 역대 최다로 나타났다. 몇 년 후 이 수치가 어떻게 바뀔지 모른다.[11] 교육의 영역에서도 외국의 경쟁력을 갖춘 유수한 교육 프로그램과 시설들이 우리나라에 상륙하여 운영 중에 있다. 1995년 WTO 체제의 출범과 함께 발효된 「서비스 무역에 관한 일반 협정(GATS)」은 교육서비스 부문을 무역자유화 품목으로 지정하였다.[12]

우리나라의 교육기관도 외국에 진출할 수 있지만 그에 못지않게 외국의 유수한 교육기관들이 우리나라에 진출하도록 국제적인 협약이 이루어졌다. 최근 특정 지역을 외국 자본을 유입하는 투자유치지역, 즉 특구로 지정하여 외국의 기업이나 기관이 우리나라에

---

11 조계완. (2021년 3월 7일). 세계 점유율 1위 수출 제품 한국 69개 '11위'…역대 최고. *한겨레*,
http://www.hani.co.kr/arti/economy/marketing/985710.html#csidx8a2cb8431d 4a127989694bd55021977에서 2021년 3월 10일 인출.

12 2001년 11월 WTO 제4차 각료회의(카타르, 도하)에서는 서비스 부문이 포괄적 의제에 포함됨과 동시에 2002년 6월 30일까지 각국이 양허 요구사항 목록을 제출하고, 2003년 3월 30일까지 양허 수용사항 목록을 제출한 후, 협상을 거쳐 2005년 1월 1일까지 완결한다는 일정을 합의하였다(한국교육개발원. (2002). 교육개발 9월, 10월호. p. 57.)

진출하고자 할 때는 업무절차를 간소화 시켜주고 세금을 면제하는 등의 조치를 취하고 있다. 우리나라에서 외국교육기관은 2005년 제정된 「제주특별자치도 설치 및 국제자유도시 조성을 위한 특별법」에 따른다. 경제자유구역 및 제주특별자치도에 거주하는 외국인의 교육여건을 향상시키는 것을 목적으로 한다. 외국교육기관은 외국인 투자유치를 위해 조성한 경제자유구역 및 제주도에 거주하는 외국인의 교육여건을 향상시키고자 설립된 교육기관이다. 외국인을 위한 인가학교지만 외국인학교와 다른 점은 내국인 입학이 일정 비율 가능하다는 점과 법적으로 지정된 특구 내에서만 운영된다는 점이다. 경제자유구역, 제주특별자치도, 기업도시, 평택·김천 등 주한미국 반환공여구역 주변지역에 설립할 수 있다. 설립기준을 갖춘 외국학교법인이 교육부에 신청해 장관의 인가를 받으면 된다. 입학 대상자는 국내 체류 중인 외국인의 자녀와 해외체류 경험자 외에 해외체류 경험이 없는 내국인도 정원의 30% 안에서 입학할 수 있다. 국내 교육법의 고등학교 기준에 해당하지 않으며, 관련 특별법 또는 해당 특구법상의 교육기관이다.

언론 조사에 따르면 우리나라에서 운영되는 국제교육기관, 즉 국제학교와 외국인학교는 대략 350개가 넘는 것으로 밝혀졌다. 교육부 인가를 받은 학교가 53개이고, 미인가 국제형교육기관은 무려 300개가 넘었다. 학비는 웬만한 미국 대학 등록금과 맞먹는다. 인가받은 국제학교는 4,000~6,000만 원이고 비인가 국제형교육기관은 2,000만 원 정도라고 한다.[13]

---

13 박주희, 이성택, 이혜인. (2020년 8월 19일). 경고등 켜진 외국인 국제학교: 인가 받지 않은 국제학교 전국에 300여 개. *한국일보*,

해외에서 공부하는 국외 유학생도 눈여겨 볼 대목이다. 교육부 통계(2019년 기준)에 따르면 국외 고등교육기관 유학생은 2011년 262,465명을 정점으로 2017년 239,824명, 2018년 220,930명, 2019년 213,000명으로 매년 줄고 있지만 전 세계적으로 가장 많은 유학생 국가 중 하나이다. 해외 초등 및 중등학교에 다니는 유학생은 2018년 8,892명, 2019년 9,977명으로 나타났다. 이와 반면 국내고등교육기관에 공부하는 외국인 유학생은 2016년 104,262명, 2017년 123,853명, 2018년 142,205명, 2019년 160,165명으로 꾸준히 상승하고 있다. 고무적인 현상이 아닐 수 없다.[14] 2019년 기준으로 교육수지를 환산하면 국내수입액은 121.2백만 달러이고, 해외지급액은 3,447백만 달러로 3,325.8백만 달러의 적자를 보았다.[15]

넷째, 수학 기간이 단기에서 장기로 이행된다. 과거에는 정규학교를 졸업하면 그것으로 교육을 마쳤다는 의미를 가졌지만 오늘날에는 일정 기간 교육과정을 마쳤다는 의미는 또 다른 교육을 위한 준비과정에 해당한다. "Graduation is commencement!"라는 말이 맞다. 졸업은 또 다른 시작을 의미한다. 평생학습사회의 차원에서 보면 요람에서 무덤까지 교육을 받아야 하는 추세로 바뀌고 있는 것이다. 교환가치로서의 학력(學歷)이 사용가치로의 학력(學力)의 개념으로 바뀌었기 때문에, 가방끈의 길고 짧은 것을 재는 것은 점차 의미를 잃어가고 있다. 한승희는 학력(學歷)을 학교 학력(學校 學歷)으로 부르고 학교경험에 대한 인증 차원, 즉 정규학교에서 훈련

---

https://www.hankookilbo.com/News/Read/A2020081414280004185에서 2021년 1월 4일 인출.

14 교육부. (2020). 2019년 국내 고등교육기관 외국인 유학생 통계.

15 교육부. (2020). 위의 통계.

되고 평가된 학문적 능력이라고 정의내린 바 있다. 또한 학력(學力)이란 학교교육의 결과뿐 아니라 학습을 통해 획득된 능력 전반을 가리키며, 학교학력을 포함하는 것으로 본다. 그는 학력사회(學歷社會)란 교환가치로서 학교학력이 사용가치로서 학력(學力) 위에 군림하게 되고, 그 과정에서 일종의 화폐 및 자본으로 전환되어 교육투기와 교육자본화 현상이 만연한 사회라고 정의내렸다.[16]

의무교육 기간이 길어지는 것도 세계적인 추세이다. 선진국의 경우, 의무교육 기간은 대개 고등학교까지이지만 그렇지 않은 국가에서도 의무교육 기간을 연장시키는 추세이다. 고등교육을 마친 사람들도 사내교육, 직업교육, 성인교육, 원격교육 등 다양한 형태로 재교육이나 계속교육을 받는다. 교육 기간과 방식의 변화는 정규학교에서 교육받은 사람들의 학위 또는 학벌 등의 명목적 가치를 저하시키는 반면 한 개인의 실질적인 능력을 나타내는 사용가치를 커지게 할 것이다. 개인의 능력을 나타내는 척도는 가방 끈의 길이로 상징하는 학력 사회에서 그 가방 안에 무엇을 담고 있느냐로 평가하는 능력중심사회로 옮아가고 있다.

오늘날 온라인 공개수업 MOOC(Massive Open Online Courses)는 웹 서비스를 기반으로 이루어지는 거대 규모의 교육사업이 되었다. 글자그대로 수강 인원의 제한 없이(Massive) 누구나(Open) 온라인 (Online) 환경에서 학습할 수 있는 공개강좌(Course)로 세계 명문 대학의 강의를 무료로 수강할 수 있다. 하버드대, 예일대, 스탠퍼드대, MIT, 펜실베이니아대 등 세계 일류대학의 교수진이 참여하여

---

16 한숭희. (2004). 교육체제의 재구조화, 평생교육이 해법이다. 2004년 제2차 평생교육포럼 자료집 (pp. 19-35). 서울: 한국교육개발원 평생교육센터.

만든 강의에는 수만에서 수십만 명의 수강생들이 등록하여 공부하고 있다. 보수적이라는 평가를 면치 못했던 교육계가 만들어낸 파괴적 혁신이며 교육방식의 혁명이다. 공부할 의지와 가방만 있으면 엄청난 지식과 기술을 채워 넣을 수 있다. 무크 수료증은 대학입학이나 기업에 취직할 때 직무능력을 인정받을 수 있다. 실제 구글은 특정 직무능력을 평가할 때 무크 수료증을 인정한다.

우리나라도 한국형 온라인 공개강좌(K-MOOC)를 2015년부터 시작하여 2020년 기준으로 999개 강좌를 개설하고 있다. K-MOOC 이수결과는 대학 재학생의 학점으로 인정하고, 성인학습자의 학점은행제 적용 등으로 확대되고 있다. 시스템은 공무원, 교육자, 기업 등 직무교육에도 연동하여 활용하고 있다.[17]

해외의 무크 중 하나인 코세라의 공동 설립자 다프니 콜러는 무크의 가치를 이렇게 평가한다.[18]

"어쩌면 다음 아인슈타인이나 다음 스티브 잡스는 아프리카의 외딴 동네에 살고 있을 수 있습니다. 우리가 그런 사람에게 교육을 제공할 수 있다면 그들은 기발한 생각을 떠올릴 수 있을 것이고 우리 모두를 위해 더 나은 세상을 만들 수 있을 것입니다."

무크는 지식공유를 위한 인류의 시도다. 사랑은 나눌수록 커진

---

17 교육부홈페이지(moe.go.kr). 《정책정보공표》. <평생교육> 참조.
18 정하늘. (2019년 9월 20일). 무크 MOOC의 세계 … 어디서든 원하는 대학 강의 듣고 학점 인정받는다. 에듀인뉴스,
https://www.eduinnews.co.kr/news/articleView.html?idxno=20230에서 2021년 1월 6일 인출.

다는 말이 있지만, 지식이야말로 나눌수록 증가하는 화수분이다. 오늘날 공유경제가 새로운 혁신의 바람을 일으키고 있는 것처럼 공유지식이 교육 기회의 평등이라는 이상을 현실로 만들고 있다. 돈이 없어 학교 문턱을 넘을 수 없는 많은 사람들에게 무크는 엄청난 기회임에 틀림없다. 무엇보다 무크는 능력중심의 학력(學力)사회로 변화를 촉진시킬 것이다. 물론 온라인 강의를 위한 인프라 구축되지 않은 아프리카, 아시아의 오지 국가와 지역에서 이런 교육혁신의 축복을 받을 수 없다는 점은 안타까운 일이 아닐 수 없다.

다섯째, 중앙집권적인 교육행정이 분권화되어 지방으로 권한의 위임이 가속화된다. 중앙집권화와 분권화는 장단점이 있지만, 추세는 중앙에 집중된 권한을 하부조직이나 지방에 이양하는 것이다. 과거 중앙 정부에서 맡아 담당하던 역할을 교육자치단체에서 담당하는 경우가 증가하고 있는 추세다. 현재 우리나라의 교육자치제는 완전한 자치기구로서 독립되어 있지는 못하지만, 그래도 과거에 비해 많은 부분이 교육자치제를 통해 수렴되고 있다.

우리나라의 교육자치제는 1991년 3월 공포된 『지방교육자치에 관한 법률』에 따라 시행되고 있다. 시·도의 광역 단위의 교육자치제이지만 중앙의 교육행정으로부터 실질적인 분권화가 되지 않고 있다. 실질적인 풀뿌리 교육자치제를 구현하기 위해서는 무엇보다도 교육재정의 자립이 선행되어야 하는데, 현재 지방자치단체의 경우에 중앙 정부에 대한 재정의존도가 지나치게 크다. 지방자치단체 간에 나타나는 재정자립도의 편차도 크다. 2020년 기준 지방재정자립도를 살펴보면, 전체 평균은 45.2%이고, 가장 높은 지역은 서울이 77.9%, 가장 낮은 지역 경북 영양군으로 6.1%를 나타냈다. 광역시는 44.5%, 도 단위는 36%, 시 단위는 29.1%, 군 단위는 12..5%, 자치구는 23.8%를 나타냈다.[19]

재정 자립도가 낮은 자치단체는 부족한 재원을 중앙정부의 지원에 의존할 수밖에 없다. 서울특별시의 경우도 강남과 강북의 재정자립도에 차이가 난다. 재정자립도의 차이는 해당 지역 주민들이 교육, 문화, 사회복지 혜택의 차이로 이어진다. 도시와 농어촌 지역의 재정자립도를 비교하면 지역 간에 위화감을 느낄 정도이다. 돈 가는 데 간섭이 따른다는 격언이 있듯이, 중앙정부의 재정 지원을 받는 지방자치단체는 독자적인 행정을 펼치는 데 한계가 있을 수밖에 없다. 중앙정부에서는 「지방교육재정교부금법」에 따라 지방자치단체에 교부금을 지원한다. 지방교육재정교부는 2020년 기준 내국세의 일정률(20.79%)과 교육세를 재원으로 전부 또는 일부를 국가에서 지원한다.

여섯째, 기관의 지원과 도움에 의존하는 형태에서 벗어나 지역 네트워크를 통한 생활과 자기주도적 학습이 활발하게 진행된다. 정부나 공공기관 등 제도권의 도움을 받지 않고 커뮤니티 안에서 당면한 문제들을 자율적으로 해결하려는 경향성이 높다. 공동체 안에서 범죄를 예방하는 것에서부터 주택을 재건축하는 것에 이르기까지 스스로 문제를 해결한다. 그렇게 함으로써 이웃 간의 유대감을 강화시키고 공동체의 소속감을 증진시킨다. 자기 도움을 증진시키는 가장 강력한 매개체는 인터넷과 통신기술이 뒷받침하는 네트워킹이다. 사회의 전반적인 분위기가 다원성과 다양성을 존중하는 가

---

19 행정안전부. (2020). 지방재정 365. https://lofin.mois.go.kr/에서 2021년 1월 5일 인출.

운데 지역사회의 생태계도 많이 바뀌고 있다. 회의 방식만하더라도 과거의 일방적이고 획일적인 의사결정 방식과 사고 체계에서 벗어나 쌍방적이고 합의적인 의사결정 방식과 확산적 사고를 선호한다.

교육의 영역에서도 제도권의 교육기관만을 선호하지 않는다. 부모의 입장에서도 아이의 적성, 취향, 개성, 미래의 직업 등을 고려하여 대안학교에 보내거나 심지어는 홈스쿨링을 한다. 젊은 세대의 부모일수록 입시 위주의 암기식 교육에 익숙한 제도권 교육보다는 아이들의 감성을 키우고 개성을 드러낼 수 있는 교육과정을 운영하는 학교를 선택한다. 이러한 현상은 공교육이 교육수요자의 욕구를 만족시키지 못하고 있다는 반증이기도 하지만, 교육수요자의 가치관 변화로 그들이 필요한 지식과 기술을 스스로 습득하고자 하는 경향이 높아진 것으로도 볼 수 있다.

우리나라에 대안학교는 얼마나 될까? 교육부의 인가를 받은 기준(2019년)으로 대안학교가 41개교, 대안교육 특성화중학교가 17개교, 대안교육 특성화고등학교가 26개교이다.[20] 여기에 미인가 대안학교(2017년 기준) 287개를 합치면 371개 안팎의 대안학교들이 운영되고 있다.[21] 대안학교는 우리 교육에서 중요한 역할을 담당하고 있다.「초·중등교육법」에 따르면 대안학교는 학업을 중단하거나 개인적 특성에 맞는 교육을 받으려는 학습자를 대상으로 현장 실습 등 체험 위주의 교육, 인성 위주의 교육 또는 개인의 소질·적성 개발 위주의 교육 등 다양한 교육을 하는 학교로서 각종학교에 해당한

---

20 교육부. (2019). 2019년 대안학교 및 대안교육 특성화학교 현황.
   https://www.moe.go.kr/에서 2021년 1월 5일 인출.
21 하태욱, 이종태, 이병곤, 곽현주. (2018). 비인가 대안학교 학생 인권상황 실태조사 연구. 서울: 국가인권위원회.

다. 대안학교는 우리 교육의 희망이 될 수 있다. 대안교육의 리더들은 공교육을 보완하는 수준에 머물지 않고 우리나라 교육이 지닌 문제점에 대한 대안을 발굴하고 개선하는 교육리더십을 적극적으로 펼쳐나갔으면 한다.

교육부 통계(2019년)에 따르면 2018학년도 초·중·고등학교 전체 학업 중단율은 0.9%(52,539명)로 2017학년도의 0.9%(50,057명)와 유사한 수준을 나타냈다. 학교급별 학업 중단율은 초등학교 0.7%(17,797명), 중학교 0.7%(9,764명), 고등학교 1.6%(24,978명)로 나타났다.[22] 매년 5만여 명의 학업 중단자, 즉 학교 밖 학생이 생겨나고 있다. 이들을 교육적으로 관리, 지원하는 방안을 찾아내고 실천하는 것은 국가와 사회, 그리고 청소년 개인의 미래에 매우 중차대한 문제가 아닐 수 없다.

---

22 교육부. (2019). 2019년 교육기본통계. https://www.moe.go.kr/에서 2021년 1월 6일 인출.

피터 드러커(Peter F. Drucker)

1620년 프랜시스 베이컨이 과학 선언문 《신기관》에서 '아는 것이 힘이다'라고 주장했다. 베이컨에게 지식의 시금석은 그것이 진리인가 아닌가가 아니라 사람들에게 새로운 일을 할 수 있는 능력을 주는 이론이 지식이었다. 한마디로 베이컨은 지식의 유용성을 강조했다.[23]

베이컨 이래 수많은 사람들이 지식에 대한 유용성과 그 지식이 세계를 어떻게 변화시킬 것인가에 대해 주장을 해왔다. 드러커만큼 지식의 의미와 지식의 유용성에 대해 꾸준히 연구하고 체계적으로 정의내리면서 미래사회를 전망한 학자도 드물 것이다. 실제 드러커는 작가로서 교육자로서 지식을 창출하고 재정의 내리고 이를 사회에 적용하는 데 일생을 바쳤다. 그를 경영학계에서는 현대 경영학의 아버지라는 칭호를 헌사하고 있지만, 그에게 가장 적절한 타이틀은 인류 지식의 홍보대사가 적격일지 모른다. 그가 어떻게 지식을 논하고 그 지식이 어떻게 세상을 변화시킬 것인가에 전망을 살펴보자.

일찍이 지식사회의 도래를 주창해 온 드러커는 미래사회의 지식과 교육받은 사람에 대한 정의를 재정의하였다. 예컨대, 오래전

---

23 Harari, Y. N. (2011). *Sapiens*. 조현욱 역a(2016). 사피엔스. 파주: 김영사. p. 368.

부터 대학에서 법학, 의학, 기술자 등 technē들을 대상으로 학위를 주어왔지만 초기에는 그들이 가지고 있는 전문 분야에 대한 지식을 오늘날의 관점에서 보는 지식으로 보지 않았고 교양인의 범주에 포함시키는 것을 꺼려하는 경향이 있었다. 오늘날 그들 technē들이 가지고 있는 지식은 지식에 통합되었고 교육받은 사람이 되었다. 교육받은 사람이란 다양한 지식을 이해할 수 있는 능력을 겸비한 사람들이다.[24] 그의 정의에 따르면 교육받은 사람이란 지식사회 이전에는 일반 교양이나 인문교육과 같은 지식을 공유한 사람들을 일컬었지만, 지식사회에서의 교육받은 사람이란 학습하는 법을 배우는 사람이다. 그것도 평생 동안 지속적으로 공부하는 사람이다.[25] 현대사회에 지식인은 곧 평생학습자이다.

지식사회에서의 교육의 내용과 의미는 농경사회나 산업사회와는 전적으로 다르며 교육을 바라보는 시각과 관점의 변화를 요청한다. 창의성이 높은 지식은 사회의 가치를 지배하는 핵심적인 자원이 되고 부(富)를 창출하는 새로운 근거가 된다. 또한 지식사회에서 노동력의 근간은 지식 근로자(knowledge worker) 또는 지식 기술자(knowledge technologist)가 담당할 것이며, 그들이 지식을 창출, 활용, 공유하는 역할을 담당하는 중추 인력이 된다.

드러커는 미래 지식사회(knowledge society)[26]의 특성을 세 가

---

24 Drucker, P. F. (2001). *The essential Drucker*(Vols. Ⅰ－Ⅲ). 이재규 역b(2001). 프로페셔널의 조건. 서울: 청림출판. pp. 336－337.

25 Drucker, P. F. (1995). *Managing in a time of great change.* 이재규 역a (1996). 미래의 결단. 서울: 한국경제신문사. pp. 266－273.

26 지식 산업(knowledge industry), 지식 작업(knowledge work), 지식 근로자(knowledge worker) 등의 용어는 1960년대에 등장하였으며, 지식산업은 프린스턴대학교의 경제학자인 프리츠 매클럽(Fritz Machlup, 1902－83)이, 지식작업

지로 규정짓는다.

첫째, 국경이 없다. 지식은 돈보다 훨씬 더 쉽게 국경을 넘나들기 때문이다. 인터넷을 기반으로 하는 정보통신기술은 지구촌의 지식을 전 지구인이 공유하게 만들었다. 주제어를 입력하고 클릭하면 수백에서 수천의 지식들이 쏟아진다. 지식은 언제든지 접속을 통해 얻을 수 있게 되었다. 학교나 도서관에서 지식을 습득하던 시대는 종말을 고했다. 교육기관의 역할 중 하나는 앞선 세대의 지식을 후속 세대에 전달하는 것이었지만 교육기관에서 지식 전수 기능은 의미가 약화되었다. 학습자들은 필요한 지식과 정보를 포털사이트, 유튜브 등에서 얼마든지 얻을 수 있다. 지식과 정보가 공유되면서 교육기관은 그 역할과 정체성을 재정립해야 하는 도전에 직면하게 되었다. 교육기관의 역할은 지식 전달에서 아이들에게 어떻게 공부할 것인가, 지식을 어떻게 활용할 것인가, 어떻게 타인과 어울리고 협력할 것인가에 집중해야 한다. 무엇을 배울 것인가라는 'what to do 프레임'에서 어떻게 배울 것인가라는 'how to do 프레임'으로 옮겨가야 한다. 교육자는 지식 전달자 또는 평가자가 아니라 도우미, 촉진자, 코치, 멘토, 가이드 역할을 담당해야 한다.

둘째, 지식사회에서 사람들은 사회경제적 상승이동을 쉽게 할 수 있는데, 그것은 언제 어디서나 손쉽게 정규교육을 받을 수 있기 때문이다. 지식사회는 고도의 이동사회를 만든다.

실제 연구 결과에서도 지식사회에서 개인이 노력한 결과물로

---

과 지식 근로자는 드러커가 최초로 사용하였다(Drucker, P. F. (2002). *Managing in the next society*. 이재규 역c(2002). 넥스트 소사이어티. 서울: 한국경제신문. p. 423). 최근에는 정보 근로자(information worker)라는 용어가 사용되고 있다.

나타나는 학력은 소득상승을 야기해 자녀와 아버지 간 소득계층 상승에 도움이 되는 것으로 나타났다. 자녀의 학력수준이 높을수록 자녀의 소득 또한 높아져 자녀의 소득계층이 아버지에 비해 상승할 확률이 증가했는데, 특히 아버지의 소득계층이 낮은 경우 증가 효과가 뚜렷한 것으로 나타났다.[27] 드러커의 진단은 지식기반사회에서 지식이 고부가가치를 창출한다는 점에서 지식과 기술로 무장한 사람들은 사회이동을 할 가능성이 높다고 할 것이다.

우리나라의 경우 아버지의 직업이 자녀의 사회적 계층상승과 높은 상관을 보인다는 연구결과가 있다.[28] 가정배경이 직접적으로 사회적 성취에 영향을 미치기보다 교육에 영향을 미쳐서 간접적으로 사회적 성취에 영향을 미칠 가능성이 더 높게 나타났다. 특히 20대의 경우 아버지의 사회경제적 지위가 미치는 직접적인 영향이 높아졌으며, 반면 교육을 통한 간접효과와 교육의 순효과는 떨어졌다. 이러한 결과는 우리나라에서 빈곤과 불평등의 대물림 현상이 체계적으로 나타나고 있을 뿐 아니라 우리 사회의 높은 교육열과 교육투자의 계층별 격차가 자녀의 사회경제적 지위에 실질적인 영향을 미치고 있는 것으로 해석된다. 개천에서 용이 날 수 없는 안타까운 현실이 되었다.

셋째, 성공할 가능성뿐만 아니라 실패할 가능성도 높다. 사람에 따라서는 생산수단, 즉 직무수행에 필요한 지식을 획득할 수 있기 때문에 성공할 가능성이 높지만, 그렇다고 해서 모두가 승자가

---

27 이진영. (2016). 교육의 계층이동 사다리 역할에 대한 분석 및 시사점. 서울: 한국경제연구원.
28 여유진. (2008). 한국에서의 교육을 통한 사회이동 경향에 대한 연구. 보건사회연구, 28(2). pp. 53－80.

될 수는 없다. 지식사회에서 지식이 모든 것의 해결사는 아닐 것이다. 상황에 따라 어떤 지식을 습득, 창출, 활용하느냐가 지식 경쟁력과 관련된다. 누구나 성공한다든지 누구나 실패한다든지 하는 이분법의 논리가 아닐 것이다.

드러커가 밝힌 미래사회의 전망은 상당 부분 현실세계에서 실현되었거나 진행되고 있다. 단지 그 정도의 차이 때문에 심각하게 느끼지 못할 뿐이다. 드러커는 미래사회에서 사람들은 지식에 대한 접근이 훨씬 쉬워졌지만 극심한 경쟁사회가 될 것이라고 했다. 지식사회에서는 누구나 지식에 접근하는 것이 가능하며, 성과를 올리지 못한 데 대한 어떤 변명도 할 수 없기 때문이다. 따라서 앞으로 '가난한' 국가는 사라지고 그 자리를 '무지한' 국가가 대체할 것이라는 전망을 내놓았다. 그러한 현상은 개인, 개별 기업, 조직, 산업에 있어서도 마찬가지로 일어날 것으로 보았다.[29]

드러커에 따르면 지식사회의 세 가지 특성이 상승작용을 하면서 지식사회와 개인을 고도의 경쟁체제로 만든다. 그는 미래사회에 영향을 미치는 요인들이 많지만, 그중에서 정보통신기술(ICT)이 가장 큰 영향을 미칠 것이라고 내다보았다. ICT는 지식의 전파 또는 확산을 즉각적으로 촉진시키기 때문이다. 예컨대, 교육의 영역에서 ICT는 학습자의 접근성을 용이하게 하여 교육의 기회를 대폭 확대시켰다.

정보통신기술의 발달과 함께 등장한 인터넷은 지구촌에서 발생하는 일들을 실시간으로 알려준다. 접전 지역 인근 함선에서 발

---

29 Drucker, P. F. (2001). *The essential Drucker.* 이재규 역e(2003). 미래경영. 서울: 청림출판. p. 473.

사된 미사일이 목표물을 타격하는 장면을 실시간으로 중계한다. 인터넷을 통해 사람들은 집 밖으로 나가지 않더라도 모든 일을 집 안에서 볼 수 있다. 인터넷으로 쇼핑을 할 수 있고 재택근무를 하면서 업무를 보고 온라인으로 학습을 한다. 컴퓨터 네트워크는 '교육에는 시간적 제한이 있다'라는 전통적인 교육의 패러다임을 언제든지 가능한 교육 패러다임으로 바꾸었다. 비동시적 학습공동체인 사이버 패러다임은 저렴한 비용으로 다양한 시간과 공간에 흩어져 있는 사람들의 학습이 가능하게 하였다.[30]

드러커에 따르면 어느 시점에 배운 지식이란 급속히 진부하게 되기 때문에 지식근로자는 정기적으로 학교에 돌아가야 하며, 고도로 교육을 받은 성인들을 위한 계속교육이 크게 성장할 것이라고 전망했다. 드러커는 다음의 인용문에서 계속교육의 장점을 설명했다.[31]

"경험이 배우는 능력과 배우려는 의욕에 미치는 영향이 무엇인지에 대한 가장 인상적인 증거는, 제2차 세계대전 후 『제대군인 원호법(G.I. Bill of Rights)』에 의해 미국의 대학으로 홍수처럼 몰려든 귀향한 제대 장병들이었다. 당시 교육자들은 하나같이 그런 대규모 학습자들 때문에 교육수준이 불가피하게 떨어질 것이라고 생각했다. 이 걱정은 기우로 밝혀졌다. 반대로 학습자들이 믿을 수 없을 만큼 뛰어났기 때문에 그들이 요구하는

30 Duderstadt, J. J. (2000). *A university for the 21st century.* 이규태, 양인, 이철우 역(2004). 대학혁명. 서울: 성균관대학교 출판부. pp. 363-367.
31 이재규 역e. 앞의 책. pp. 19-53; Drucker, P. F. (1969). *The age of discontinuity.* 이재규 역d(2003). 단절의 시대. 서울: 한국경제신문. pp. 98-99.

것을 교수들이 충족시킬 수 없다는 사실을 모든 교수가 알게 되었다. (중략) 아마도 그들은 체계적인 공부에 다시 익숙해지기까지 다소 시간이 걸릴 것이다. 그러나 그들은 그 시간을 월등한 의욕으로, 배운 것의 의미를 파악하는 능력으로, 그리고 이론적 개념을 이용해 자신들의 경험을 조직하는 능력으로 보충할 것이다."

평생교육이라는 용어는 국가마다 다르게 표현하고 있다. 미국에서는 계속교육(continuing education), 유럽에서는 성인교육(adult education), 일본에서는 생애교육(lifelong education)이라는 표현으로 쓴다. 우리나라에서는 평생교육(lifelong education)이라는 용어로 정착되었다. 「평생교육법」에 따르면 평생교육이란 학교의 정규교육과정을 제외한 학력보완교육, 성인기초문자해득교육, 직업능력 향상교육, 인문교양교육, 문화예술교육, 시민참여교육 등을 포함하는 모든 형태의 조직적인 교육활동을 말한다. 넓은 의미에서 학교교육도 평생교육의 범위에 포함된다. 단지 현행 법체계상『교육기본법』, 『초중등교육법』, 『고등교육법』, 『평생교육법』으로 존재할 뿐이다.

우리나라 성인(만 25-79세)의 평생학습참여율은 얼마나 될까? 평생학습참여율은 지난 1년간 형식교육 또는 비형식교육에 참여한 성인의 비율이다. 2020년 기준으로 40%로 나타났다. 성인 10명 중 4명이 평생학습에 참여하고 있는 셈이다. 학습 영역별로는 형식교육 참여율이 1.4%, 비형식교육 참여율이 39.3%로 나타났다. 형식교육은 학교 안에서 이루어지는 방식의 학교교육으로 졸업장이나 학위취득이 가능한 정규 교육과정을 말한다. 초중등학교 졸업학력(인정) 과정, 대학(교), 방송통신대학교, 사이버원격대학, 대학원, 고등학력보완교육(학점은행제, 독학학위제)을 포함한다. 비형식교육은 정규교육 이외의 구조화된 학습활동으로서 공식적인 학위나 졸업장 취득을 우선 목적으로 하지 않으며, 평생교육기관에서 운영하는 프로그램이나 교육과정을 통해 이뤄지는 교육을 말한다. 직장의 직무연수나 특강, 학원수강, 평생교육원이나 평생학습관 프로그램 수강, 주민자치센터나 백화점 문화센터 프로그램 참여, 인터넷 강의 수강 등 그 유형과 범위가 매우 넓고 다양하다.

조사결과에 따르면 학력이 높을수록 평생학습참여율이 높은 것으로 조사되었다. 대졸 이상 학력 소지자의 참여율(51.5%)은 중졸 이하 학력 소지자의 참여율(28.4%)보다 약 1.8배 더 높았다. 교육격차 또는 학력격차의 대물림이 우려된다. 청소년 시기의 이뤄진 제도권 교육의 학력 격차가 평생학습참여에서도 반복되어 나타난다는 점에서 교육당국의 관심과 지원이 요구된다고 하겠다.[32] 평생학습참여율이 1% 늘어날 때 1인당 국민소득이 332달러 증가한다는 연구도 있다.[33]

평생교육이 만능 열쇠는 아니겠지만, 평생교육이 미래 사회의 지속적인 성장과 발전을 위한 원동력이 될 것이라는 데에는 이의가 없다. 평생교육은 학습자 개인이 급격한 사회변화에 적응하면서 자아실현을 달성하도록 하고, 국가적, 사회적으로는 4차 산업혁명 시대에 급변하는 환경에 필요한 노동력을 유연하게 공급할 수 있다.

---

32 교육부. (2020). 한국성인의 평생학습실태.
33 심주형. (2004년 6월 10일). 평생교육 확대되면 GNP도 증가. *한국교육신문*, http://www.hangyo.com/에서 2021년 1월 9일 인출.

젊은 층의 경우에도 기술 진보에 따른 사회변화가 빠르게 진행될수록 이직이나 재취업을 위해서는 교육과 훈련이 필수이고 이를 준비하기 위해서는 평생교육에 참여가 필요하다. 싱가포르에서는 전 국민에게 교육쿠폰을 무료로 지급하면서 국가가 본격적으로 평생교육참여를 독려하고 있다.[34]

지식사회 이전 사회와 이후 사회에서 지식의 성격도 변화되었다. 지식사회 이전 사회에서의 지식은 개인의 발전을 위해 학업연령에 달한 학습자가 전통적인 교육기관에서 인문교육 또는 교양을 주로 공부하였지만, 지식사회에서의 지식은 정상적인 학업연령을 훨씬 지나서도 요구될 것이며, 점점 더 전통적인 교육기관에서 취급하지 않는 교육과정을 통해 학습될 것이기 때문이다.

지식의 정의가 재정의됨에 따라 교육기관의 역할과 기능도 새롭게 정립된다. 교육기관은 아직 경제활동을 할 나이가 되지 않은 청소년을 돌보는 장소로서 그치는 것이 아니다. 점점 더 성인들과 파트너가 될 뿐 아니라 그들을 고용하고 있는 조직들과도 파트너가 된다. 이와 함께 기업과 정부기관도 교육기관과 동반자 관계를 형성해야 하며, 이들 조직이나 기관들 역시 스스로 가르치는 기관(teaching institution)일 뿐 아니라 배우는 기관(learning institution)이 되어야 한다.[35] 과거의 교육기관은 생활과는 별개의 세계였지만, 지식사회에서는 교육기관과 생활이 더 이상 분리될 수가 없다.

34 김태준, 문재용. (2019년 5월 7일). 싱가포르, 전 국민에 '교육쿠폰' … 평생교육을 서비스산업으로. *매일경제*,
https://www.mk.co.kr/news/economy/view/2019/05/298884/에서 2021년 1월 7일 인출.
35 이재규 역d, 앞의 책. p. 295.

유럽, 캐나다, 호주 등의 대학에서는 은퇴한 노령층을 대상으로 인생 3기 대학(The University of the Third Age)을 개설하여 지역사회와 소통한다. 사람의 생애를 크게 3기로 구분한다면 인생 1기는 부모의 보호를 받고 성장하고 공부하는 시기이고, 인생 2기는 직장에 다니고 결혼하고 자녀를 부양하는 시기이다. 인생 3기는 자녀 부양의 의무라든지 직장 생활에 얽매이지 않은 은퇴자들이 해당한다. 대학에서는 인생 3기 연령대를 위한 프로그램을 만들어 그들이 지식과 경험을 공유할 기회를 제공한다.

우리나라 대학에서도 인생 3기 대학을 개설하여 프로그램을 운영한다. 공공기관으로서 대학이 시설과 공간을 지역사회 주민들에게 개방하고 있다. 지역 주민들은 도서관 열람실을 이용하고, 기업은 대학 실험실의 기자재와 도구를 사용할 수 있다. 교육기관이 지역사회와 파트너십을 형성하여 유무형의 지식을 공유하고 있다. 교육기관이 교육과 연구에 필요한 자산을 외부 세계에 개방하고 지역사회와 적극적으로 교류하고 있다. 지식기반사회가 만든 새로운 풍속도다. 바야흐로 공유가 대세다.

토플러는 《권력이동》에서 변화의 통제에 관한 문제를 주로 다루었는데 변화의 매개체로 지식 경제(knowledge economy)를 지목하였다. 지식은 부(富)를 창출하는 데 더 중심적인 역할을 담당하고, 기업이 지식증진자로서 중추적인 역할을 담당할 것으로 예측했다.[36]

토플러는 지식이 권력이동의 중요한 동력이 된다는 것을 화자들을 빌려 묘사하였다. "마오쩌둥은 '권력은 포신(砲身)에서 나온다'라고 했고, 사람들은 '돈이 말한다'라고 한다. 그러나 베이컨은 '지식 그 자체가 힘이다'라고 했다."[37] 토플러 역시 나이스비트나 드러커와 같이 지식과 정보를 미래사회를 변화시킬 주동력으로 생각했다.

그는 오늘날의 교육은 시대착오적인 요소를 지니고 있으며 산업화 인간(industrial man), 즉 살아있을 동안에 쓸모없게 될 제도 속에서 생존하도록 훈련된 사람을 양성해낸다고 비판했다. 그는 학습자, 교육기관, 그리고 교육자를 산업사회의 공장에서 제품을 생산하는 것으로 비유하였는데, 그것은 학습자(원료)들을 중앙에 위치한 교육기관(공장)에 모아 교육자(노동자)들로 하여금 다루도록 한다고 비유했다. 토플러의 비유는 1960년대 마리오 새비오가 미국 캘리포

---

36 Toffler, A. (1991). *Power Shift*. 이규행 감역(1991). 권력이동. 서울: 한국경제신문사. p. 32.
37 이규행 감역, 위의 책, p. 23.

니아 버클리 학생운동 연좌시위에서 연설한 내용과 유사하다.

"만약 대학이 하나의 기업이고 대학 이사회가 회사의 이사회이며 총장이 사실상의 경영자라고 한다면, 교직원들은 종업원이 되며 우리 학습자들은 생산 원료가 된다. 그러나 우리는 아무 생산물이나 만들 수 있는 원료가 아니다. 또한 대학의 일부 고객들에게 팔리는 것으로 끝나는 원료도 아니다. 우리는 인간이다. 기계의 작동이 너무나 메스꺼워지고 여러분의 속을 뒤집어 놓아 더는 생산에 참여할 수 없고 묵묵히 참가하는 것조차 불가능할 때가 있다. 그럴 때에는 기어와 바퀴, 손잡이, 그리고 모든 장치 위에 우리의 몸을 올려놓아 기계의 작동을 중단시켜야만 할 것이다."[38]

토플러는 현재의 교육이 과거를 본래의 목적으로 삼는 것에 문제가 있다고 보고, 과거를 현재를 이해하는 수단으로 인식하는 것이 산업화 시대의 장애물을 뛰어넘는 것으로 보았다. 그에 따르면 과거와 현재 시제에 머물고 있는 현행 교육체제를 미래시제로 옮겨 미래사회의 충격에 대비해야 한다. 그는 산업화시대의 교육의 장애물을 뛰어넘어 초산업화시대에 적합한 교육의 목표를 다음과 같이 세 가지로 설정하였다.

첫째, 초산업주의적 교육제도를 만들어 과거보다는 미래시점

---

38 Harman, C. (1988). *The fire last time: 1968 and after.* 이수현 역(2004). 세계를 뒤흔든 1968. 서울: 책갈피. p. 61.

에서 교육의 목표와 방법을 모색해야 한다. 둘째, 미래 교육의 목표는 비판적인 판단을 내릴 수 있고, 새로운 환경을 헤쳐 나갈 수 있으며, 급변하는 현실에서 새로운 관계를 재빨리 찾아낼 수 있는 능력을 갖춘 인재 양성에 초점을 두어야 한다. 셋째, 미래사회의 개인은 지금보다 더욱 격심한 변화에 대응하지 않으면 안 되기 때문에 교육의 일차적 목표는 개인의 대응 능력, 즉 계속적인 변화에 적응할 수 있는 속도와 경제성을 증대시키는 데 두어야 한다.[39]

토플러는 지식이 급속히 폐용화되고 인간의 수명이 길어짐에 따라 젊었을 때 익힌 기능이 나이가 들면 쓸모없게 된다는 사실이 명백해진 미래사회에서는 접합/해체식(plug-in/plug-out) 평생교육을 위한 준비를 해야 한다고 강조한다. 토플러는 현재의 교육이 과거에 갇힌 교육이라고 질타했다. 교육은 미래의 쇼크를 대비하는 방향에서 이루어져야 하고, 과거와 현재에 대한 비판적 성찰을 통해 미래를 준비하는 교육이 되어야 한다고 주장했다. 지식의 폐용화 주기가 짧아져 학창 시절 배운 지식이 몇 년 후에는 무용지물이 된다고 지적했다. 지식의 폐용화는 일찍이 베이컨이 주장한 지식의 유용성과는 정반대의 개념이다. 지식의 유용화와 폐용화는 지식사회의 핵심의제라는 점에서 베이컨, 나이스비츠, 드러커, 토플러의 관점은 그 맥락을 나란히 한다고 할 수 있다.

토플러의 주장 중 특별히 눈에 띄는 대목이 있다. 미래사회에서는 접합/해체식 평생교육을 위한 준비를 해야 한다는 점이다. 플러그 인/플러그 아웃의 평생교육이란 무엇일까? 토플러는 낡고 무

---

39 Toffler, A. (1970). *Future Shock*. 이규행 감역(2001), 미래쇼크. 서울 : 한국경제신문사. pp. 388-415.

용한 지식을 폐기하고 평생교육을 통해 새로운 환경이 필요로 하는 유용한 지식을 배워야 한다고 강조한다. 콘센트에 플러그를 끼우면 전기가 생성되어 물체를 작동시키는 것처럼 지식정보화사회에서 인간은 평생교육을 통해 유용한 지식을 지속적으로 배워야 한다. 반면 '플러그-아웃' 학습은 무용하고 쓸모없게 된 지식은 과감하게 폐기시키는 것이다. '플러그-인 러닝(plug-in learning)'은 토플러식의 평생교육 또는 평생학습이다. 어떤 지식을 '플러그-인' 상태로 두어야 하고, 어떤 지식을 '플러그-아웃'해야 할 것인가에 대한 판단 능력은 평생교육에 참여하는 학습자라면 그 능력을 갖추게 될 것이다. 토플러가 말하는 대응능력(cope-ability)이다.

토플러는 지식의 유용성과 폐용화를 강조하면서 지식의 특성을 열 가지로 나열한다. 역시 대가다운 통찰력과 분석력이 아닐 수 없다.[40] 지식정보화사회에서 핵심이 되는 지식의 실체를 파악할 기회다.

① 지식은 원래 비경쟁적이다. 수백만 명이 사용해도 감소하지 않고 똑같은 지식을 사용할 수 있다. 사용하는 사람이 많을수록 지식을 생성할 가능성이 크다.

② 지식은 형태가 없다.

③ 지식은 직선적이지 않다. 작은 통찰력이 거대한 산출을 낳는다.

④ 지식은 관계적이다.

⑤ 지식은 다른 지식과 어우러진다.

---

40 김중웅 역. 앞의 책. pp. 155-156.

⑥ 지식은 어떤 상품보다도 이동이 편리하다.

⑦ 지식은 상징이나 추상적인 개념으로 압축할 수 있다.

⑧ 지식은 점점 더 작은 공간에 저장할 수 있다.

⑨ 지식은 명시적일 수도 있고 암시적일 수도 있다.

⑩ 지식은 밀봉하기 어렵다. 퍼져나간다.


지금까지 우리는 동시대의 대표적인 미래학자 세 사람으로부터 미래 사회는 어떤 모습으로 변화할 것인가 그리고 교육 영역에서 미래상은 어떤가에 대해 살펴보았다. 그들의 예측과 전망 중 상당 부분은 이미 우리 사회의 일상적인 실체가 된 것도 많다. 필자는 그들의 미래사회의 전망을 통해 많은 영감을 얻었다. 첫째, 미래사회의 변화는 사회를 구성하는 모든 영역에 걸쳐 일어나며 교육의 영역에서도 변화의 높은 파고를 피할 수 없다. 변화의 핵심 동력은 지식과 정보다. 둘째, 지식과 정보를 키워드로 하는 지식정보화사회는 곧 평생학습사회의 도래를 의미한다. 오늘날 교육의 내용과 방식은 다분히 산업화 시대에 적합한 과거시제형의 교육이라는 점에서 지식정보화시대에 적합한 미래형 교육으로 탈바꿈되어야 한다. 셋째, 미래사회에서 교육받은 사람들이란 급격한 변화에 적절하게 대응할 능력을 갖추고 비판적인 사고와 판단을 내릴 수 있는 사람들이다. 교육계의 리더들이 현인들의 통찰력에 귀 기울이면서 리더십을 발휘하길 바란다.

Chapter 04

# 평생학습사회와 리더십

배우기를 멈추는 순간, 리더의 역할도 멈추는 것이다.

-릭 워런-


리더들은 배우는 사람들이다. 어떤 사람이 모든 것을 다 안다고 일단
생각한다면, 그 사람은 더 이상 배우려 들지 않고 머지않아 리더의 역할을
멈추게 될 것이다. 그의 생각과 방법들은 시대에 뒤떨어지게 되고
결국 진부한 것이 되고 말 것이다. 훌륭한 리더들은 죽는 그 날까지
배우고자 하는 사람들이다.

-존 C. 맥스웰-


앞에서 누누이 강조했지만 지식정보화시대는 필연적으로 평생
학습사회로 이어질 수밖에 없다. 제도권 교육은 급격한 사회 변화
에 대응하고 직면하게 되는 문제를 해결하는 데 충분하지 않다. 학
교교육은 필요조건에 불과하다. 충분조건은 평생교육에서 찾아야
한다. 평생교육은 학교 교육을 포함한 학교 밖에서 이루어지는 형
식교육, 비형식교육, 무형식교육을 포함하는 광의적인 개념이다.
지금부터는 평생학습사회와 리더십과의 관계에 대해 살펴보기로
한다.

인류 역사의 수레바퀴는 세 번의 요철(변곡점)을 만났다. 첫 번
째 요철에 해당하는 농업혁명에서는 토지와 노동이 사회의 핵심가

치였다. 두 번째 요철인 산업혁명기의 핵심가치는 자본과 기술이었다. 인류는 세 번째의 요철에 해당하는 지식정보화사회를 경험하고 있다. 인류 문명사의 제3의 변곡점에 해당하는 지식정보화사회에서는 지식과 정보가 핵심 가치이다. 지식정보화사회는 재화와 용역 대신에 아이디어와 정보를 생산하고 유통시키는 지식산업을 잉태시켰다. 지식산업은 굴뚝산업이라는 오명을 쓰고 있는 제조업과 달리 눈에 보이지 않는다. 지식산업의 집적화가 4차 산업혁명을 견인하는 ICBM(사물인터넷, 클라우드 컴퓨팅, 빅데이터, 모바일)과 인공지능을 가능케 했다. 미국에서 지식산업은 국민총생산을 기준으로 1955년에는 4분의 1, 1965년에는 3분의 1, 1975년에는 2분의 1을 차지하였다. 1990년대에는 전 세계적으로 가치창출의 4분의 3이 지식과 정보에서 나왔다.[1]

인류 역사의 변곡점을 혁명이라 표현한다. 유발 하라리는《사피엔스》에서 인류 역사의 변곡점을 주창했다. 전통적인 분류 체계를 벗어났다는 점에서 흥미롭지만 논쟁의 여지는 있다. 그는 인류 문화가 발전해온 과정을 역사로 보고 인류 역사의 진로에 지대한 영향을 미친 세 개의 혁명을 지적한다. 첫째는 7만 년 전 언어가 등장한 인지혁명이다. 고유한 언어가 등장하면서 인류 문화가 출현했다. 언어의 등장으로 정보를 전달하는 능력이 다른 종보다 뛰어나게 되었고 사회적 교류와 협동을 할 수 있는 도구가 생겼다. 둘째는 약 12,000년 전에 시작한 농업혁명이다. 이 부분은 다른 학자들의 주장과 일치한다. 농업혁명으로 인구가 증가했고 잉여 식량이 생기게 되었다. 반면 이 시기에 접어들면서 인류는 수렵, 채집 시대

---

1 이재규 역d. 앞의 책. p. 137.

에 맺어진 자연과의 긴밀한 공생관계를 팽개치고 탐욕과 소외로 치달았던 일대 전환점이 되었다고 주장한다. 더 많은 땅을 확보하고 더 높은 생산을 하기 위해 인간은 자연의 생태계를 파괴하고 이용하게 되었다. 이런 행태는 오늘날에도 진행형이다. 동남아시아의 열대우림이나 남아메리카의 아마존 산림이 작물 재배를 위해 불태워지고 있다는 소식을 듣고 있다. 셋째는 5백 년 전에 시작된 과학혁명이다. 과학혁명의 출현은 인류가 중요한 질문에 대해 해답을 모른다는 무지의 발견에서 비롯되었다. 하라리는 과학혁명은 곧 무지의 혁명이라고 주장한다. 프랜시스 베이컨의 말대로 "아는 것이 힘"이 되었다.[2] 광의적으로 과학혁명은 산업혁명과 지식정보화사회를 포함한다고 볼 수 있을 것이다. 궁극적으로 인류 역사를 정의내리는 관점의 차이는 있을 수 있지만 지식과 정보가 인류의 미래 진로를 결정하는 원동력이라는 것에는 이의가 없을 것이다.

지식정보화사회에서는 지식과 정보가 급속히 확산하고 팽창한다. 오늘 알고 있던 지식이 내일에는 쓸모없게 된다. 오늘의 신기술이 내일이면 폐기처분될지 모른다. 정규 교육을 마치고 사회에 진출한 사람들은 재교육이나 계속교육을 통해 끊임없는 자기계발을 하도록 자극받는다. 교육을 제도권 교육으로 한정하는 것은 과거형이 되었다. 평생학습사회에서 교육은 개인이 경험한 학교 안팎의 모든 교육을 총괄하게 되었다. 지식혁명과 함께 찾아온 평생학습사회는 교육기관만이 배움의 터전이라는 보편적인 신념 체계를 무너뜨렸다. 평생학습사회에서 사람들은 이 세상에 태어나기 전 어머니의 모태에서 학습을 시작하여 죽을 때까지 끊임없이 지적 호흡을

---

2 조현욱 역a. 앞의 책. pp. 18-430.

하는 학습동물로 여겨진다.[3]

교육기관을 중심으로 한 교육의 패러다임은 유비쿼터스방식의 교육체계로 재편되고 있다. 유비쿼터스는 우리가 매일 마시고 호흡하는 물이나 공기처럼 도처에 존재하는 자연 자원이나 신이 언제, 어디서나 시공을 초월하여 존재하는 것이다. 컴퓨터 용어로 설명하면 우리의 모든 일상이 네트워크로 연결되어 언제, 어디서나 네트워크로 접속할 수 있는 상태를 일컫는다. 유비쿼터스의 특성을 갖는 평생학습사회는 시간과 공간을 초월하여 언제, 어디서나 학습할 수 있는 초공간적 학습공동체이다. 학습 공간에 대한 개념이 바뀐 것뿐 아니라 교수자 중심에서 학습자 중심으로 아동과 청년 중심에서 원하는 사람이라면 누구나 배울 수 있는 교육체제로 바뀌었다.

교육기관에서의 교육은 학습자가 얼마 기간 동안 교육을 받았는지에 대한 학습결과를 졸업장의 형태로 확인한다. 반면 평생학습체제에서의 학습결과는 학습을 통해 어떤 능력이 학습되었는지를 평가, 인증한다. 교육기관의 교육이 수업시간, 교과목 이수시간, 학사일정 등 물리적 시간에 초점을 맞춘다면 평생학습사회는 학습결과에 따른 체득된 지식과 기술을 평가, 인증한다.[4] 과거에는 개인의 능력에 대한 평가 척도가 '얼마나 오랫동안 어떤 학교를 다녔고 졸업장은 있는가?'에 있었다면, 평생학습사회에서는 '실제로 무엇을 배웠고 어떤 능력을 구비했는가?'로 바뀌었다. 가방끈이 얼마나 길고 짧은가의 문제가 아니라, 그 가방 속에 무엇을 담고 있느냐이다.

---

3 한숭희. (2004). 평생교육론. 서울 : 학지사. p. 23.
4 한국교육개발원. (2004). 교육개발 1월, 2월호. p. 44; 이재규 역d. 앞의 책. pp. 112-113.

개인이 가진 능력의 총량을 나타나는 역량 중심의 평가인증체제로 자리매김하게 되었다.

역량중심의 평가인증과 관련하여 우리나라에서 시행하는 매치업(Match業) 프로그램을 잠깐 소개한다. 이 프로그램은 한국형 나노디그리, 즉 산업맞춤 단기직무능력인증과정이다. 취업과 교육기관이 협업으로 제작한 강좌는 직무능력향상을 희망하는 대학생·구직자·재직자 등이 필요한 강좌를 이수하면 기업의 평가를 통해 직무능력 인증을 받게 된다. 우리 사회가 점진적으로 역량중심의 학력(學力) 사회로 이행해 나가는 모습을 확인할 수 있는 지표라고 하겠다.[5]

1996년 유네스코 21세기 세계교육위원회는『학습: 그 안에 담겨 있는 보물(Learning: The Treasure Within)』이라는 제목의 보고서를 펴냈다. 보고서에서는 평생교육의 이념을 종합적으로 제시한 네 개의 기둥을 세웠다.[6] 학습에 담겨있는 보물이란 무엇일까? 필자는 이렇게 해석해본다. 인간은 누구나 자신만의 고유한 잠재성과 가능성을 지니고 태어난다. 인간의 잠재성과 가능성은 곧 그만의 보물이다. 학습은 자신에게 내재된 보물의 위치를 알려주는 지도이며 보물 창고를 열 수 있는 열쇠이다. 인간이 학습을 하지 않으면 자신이 주인인 보물의 정체를 알 수도 없고 찾을 수도 없다. 동물은 동물의 본능을 가지고 태어난다. 인간은 '학습동물'로서의 본능을 지니고 태어난다. 인간이 태어나 삶을 마칠 때까지 자신의 내면 깊은 곳에 묻혀 있는 보물을 발견하고 발굴하기 위해서는 학습을 필요로 한다. 평생학습과 평생교육을 강조하는 이유이다. 평생교육의 핵심

---

5 교육부홈페이지(moe.go.kr).《정책정보공표》. <평생교육> 참조.
6 김한별. (2019). 평생교육론(3판). 서울: 학지사. pp. 65-68.

가치와 철학을 설파하며 평생학습사회를 주도하고 있는 유네스코가 제시한 네 개의 기둥을 살펴보도록 하자.

첫 번째 기둥은 알기 위한 학습(learning to know)이다. 모든 개인이 스스로 학습할 수 있는 능력을 기를 수 있도록 도와주어야 한다. 학습권(right to learn)을 보장해주자는 것이다. 인간이 인간다운 삶을 누리고 존엄을 지켜나가기 위해서는 끊임없는 학습이 요구되며, 이를 위해서는 어떠한 상황에서든지 자신에게 필요한 것을 학습할 수 있는 힘을 갖추는 것이 필수적이다.

두 번째 기둥은 행위를 위한 학습(learning to do)이다. 이는 모든 개인이 효과적으로 노동활동에 참여하고 인간으로서 원만한 삶을 영위하기 위해서는 필요한 재화를 획득할 수 있는 기회와 그 기회에 지속적으로 참여할 수 있는 능력을 충족시키기 위함이다. 사회경제적 활동에 지속적으로 참여하기 위해서 학습해야 한다.

세 번째 기둥은 더불어 살아가기 위한 학습(learning to live together)이다. 문화적 다양성에 대한 감수성을 제고하면서 다름에 대한 수용적 태도를 갖추도록 하는 학습이다. 이런 학습을 통해 타자와의 경쟁과 갈등이 아닌, 호혜적 가치와 포용적 태도를 이룰 수 있다. 다문화사회로 진입하면서 문화적 다양성이 형성되고 있는 우리나라도 공존공생하는 학습을 강조하는 이유이다.

네 번째 기둥은 존재를 위한 학습(learning to be)이다. 인간이 인간다움을 추구하기 위해서는 학습이 필요하다. 존재를 위한 학습은 곧 개별 인간의 자아실현과 관련된다. 교육이 학습자의 개별성, 독창성, 고유성을 무시하고 획일적으로 이루어지면 안 되는 이유이다. 인간은 각자가 독립적인 개체이고 특수한 특성을 가지고 있다는 점에서 학습을 통해 개별적인 자아실현을 하도록 도움을 주어야 한다.

유네스코가 제시한 학습을 통해 인간의 내면에 잠재된 보물을 찾는 데 필요한 네 가지의 이념과 철학은 평생교육의 골자에 해당한다. 인간은 앎에 대한 기본 욕구를 실현하기 위해 학습하고, 사회경제적 활동으로 삶을 영속해나가기 위해 학습하고, 이웃과 더불어 공존공생하는 지혜를 배우기 위해 학습하고, 마지막으로는 개인의 독창적인 인간다움을 추구하는 존재감을 확인하기 위해 학습하는 것이다. 학습은 개인에서 사회와 공동체로 확장되고 궁극적으로는 학습자의 자아실현을 달성하는 것으로 귀결된다. 제도권의 정규교육만으로 학습이 멈춰서는 안 되는 이유다. 학습이 개인의 일생에 걸쳐 이루어질 때 비로소 자아실현의 가능성도 높아진다고 할 것이다. 여기서 유의할 점은 이 네 개의 기둥은 별개로 이루어지는 학습이 아니라 상호보완적으로 이루어져야 한다. 마치 지붕을 떠받치는 네 개의 기둥들이 힘을 적절히 분산하여 지붕의 무게를 감당하는 것과 같은 이치다.

드러커는 평생교육의 중요성을 강조하면서 정규학교를 졸업하고 졸업장을 소유한 사람과 정상적인 학위를 취득하는 데 학업 기간과 학점이 부족하지만 업무수행 능력을 입증한 사람 사이의 차별을 철폐하는 방안을 모색해야 한다고 주장하였다. 오히려 '졸업장 장막'을 걷어내지 못하면 지식획득의 기회를 악몽으로 만들고 지식사회를 지배하는 열정과 성취감 대신에 명예만을 추구하는 학력사회의 오만으로 전락할 수 있다고 경고하였다. 평생학습사회에 내재된 아픈 곳을 찔렀다. 사회 구성원들이 제도권 교육 중심의 학벌

의식을 타파하지 않은 채 평생교육에 대한 편견을 갖고 있는 한 진정한 의미의 평생학습사회는 도래하지 않을 것이다.

드러커의 말이 백번 맞다. 우리 사회가 교육기관이나 교육당국에서 인증하는 졸업장이나 학위 장막에 갇혀버리면 학력(學力)사회니 능력중심사회라는 말은 공염불에 그치고 만다. 평생학습사회가 지향하는 철학과 이념과도 배치된다.

현행 교육시스템과 학력(學歷)사회의 이념으로는 기술과 지식의 팽창을 감당할 수 없다. 리차드 B. 풀러는 인류 지식의 폭발적 증가를 예측했다. 지식이 창출, 폐기되는 순환속도에 현기증이 난다. 그의 「지식 2배 곡선」에 따르면 인류의 지식은 100년마다 2배씩 증가했는데, 1900년대는 25년 주기로 2배로 증가했고, 현재(2016년 기준)는 13개월 주기로 2배씩 증가한다. 놀라운 것은 2030년이 되면 3일마다 지식 총량이 2배가 된다고 한다. 5G시대의 인터넷 전송 속도는 4G시대보다 무려 200배 이상 빠르고, 영화 한편을 1초에 다운받을 수 있다고 하니 실현 불가능한 일도 아닐 것으로 생각된다. 지식의 폭발이며 지식의 빅뱅 현상이다. 브리태니커 백과사전이 2010년 인쇄본 발매를 중단한 이유를 알 만하다.[7] 이제 인간이 두뇌의 기억장치에 저장하려는 노력보다는 세상의 변화를 정확히 읽어내는 통찰력과 비판적 사고력을 키우고 필요한 지식을 찾아내고 활용할 수 있는 능력이 더 중요한 시대가 되었다. 지식의 빅뱅 현상은 우리 교육이 나아가야 할 지향점을 암시한다.

평생학습사회는 개인과 지역사회의 자원과 정보 등이 통합된

---

7 KBS 명견만리 제작팀. (2016). 명견만리 – 미래 기회 편. 서울: 인플루엔셜. pp. 280 – 281.

지역 공동 학습체제이며, 개인과 지역사회의 성장이 곧 전체 사회와 국가의 발전에 기여한다는 확신에서 나왔다. 지방자치단체마다 교육도시(Educational City) 또는 평생학습도시(Lifelong Learning City)[8]를 선언하고 도시 전체를 하나의 학습공동체로 만들어 가고 있다. 1979년 일본의 가께가와시(掛川市)가 세계 최초의 평생학습도시를 선언하면서부터 많은 도시들이 참여하여 지역 중심의 평생학습시스템을 구축하고 있다. 우리나라에서는 1999년 경기도 광명시가 전국 최초로 평생학습도시를 선언한 것을 계기로 점차 시·군 단위로 확산되고 있다. 평생교육에 관심 있는 지방자치단체에서는 개인과 지역 사회 주민의 삶의 질 향상을 목표로 평생학습의 활성화를 위한 사업을 전개하고 있다. 지역마다 지역 실정에 적합한 프로그램을 운영하면서 시민 대학, 정보화교육, 문해교육, 생태환경교육, 문화활동 등을 지원하여 지역주민의 학습력을 높이는 데 기여하고 있다. 특히 지역에서 활동하는 학습동아리는 지역주민을 학습공동체로 묶어주는 역할과 함께 지속가능한 학습생태계를 만드는 데 중요한 역할을 담당한다. 교육부는 매년 광역 및 기초 자치단체의 신청을 받고 심사를 통해 평생학습도시를 선정한다. 2020년 기준으로 전국의 평생학습도시는 175개이다.

우리는 지식정보화사회의 교육 패러다임이 학력사회에서 학습사회로 변화한 것에 주목하지 않을 수 없다. 교육계의 리더에게 평생학습사회의 도래는 도전이며 동시에 기회이다. 리더가 배움의 버스에 탑승하여 자신의 자질과 능력을 완숙한 단계에까지 끌어올릴 수 있을 때는 기회가 될 것이다. 도전을 기회로 살릴 리더를 요구

---

8 한국교육개발원. (2004). 앞의 보고서. pp. 45–51.

한다. 그렇지만 배움의 버스에서 내려 배움의 기회를 그냥 떠나보내거나 끊임없이 학습, 훈련, 개발하지 않으면 리더십을 발휘할 수 없다. 그것은 리더에게 최악의 시나리오이다.

평생학습사회에서 리더는 어느 시점의 학습단계에서 정지버튼을 누르지 않으면서 지속적으로 자신의 능력을 개발하고 경쟁력을 강화시켜 나가야 한다. 리더가 어느 한 시점에서 배움의 지적 호흡을 멈추었을 때, 리더십의 호흡 또한 멈출 수밖에 없다. '배워서 남 주겠냐'라는 속담에는 깊은 뜻이 있다. 자신이 배운 것은 고스란히 자신의 것이라는 반어법이 아니겠는가. 누구보다 리더에게 평생학습의 필요성은 클 수밖에 없다. 리더가 과거에 안주하고 현재 자신의 자리에 집착하는 데 급급하다 보면 자연히 도태되거나 낙오될 수밖에 없기 때문이다.

리더는 평생학습을 통해 자신의 지식과 기술을 배양하고 성공적인 리더십을 펼치는 기회로 삼아야 한다. 리더는 배움을 마치 설거지 감처럼 생각할 필요가 있다. 설거지를 하기 싫어도 하루에도 몇 번씩 하지 않으면 안 되는 것처럼 리더에게 배움은 어느 순간에 멈추는 것이 아니다. 끝이 없는 배움(never ending learning)의 길로 들어서야 한다.[9] 배움을 설거지 감으로 비유한 것이 매우 흥미롭다. 설거지는 누구나 하기 싫은 일이지만, 어쩔 수 없이 하지 않으면 안 되는 일이기 때문이다. 배움도 마찬가지이다. 배움의 설거지가 하기 싫다면 더 이상 배울 수도 없고 배우지 않으면 더 이상 리더로서 역할을 하는 데도 한계에 부딪칠 수밖에 없다.

---

9 Price, B., & Ritcheske, G. (2001). *True leaders.* 김영우 편역(2003). 트루 리더스. 서울: 중앙경제평론사. p. 152, p. 303.

평생학습자들은 다음과 같은 정신적인 습관이 있다고 한다.[10] ① 안락함을 포기하고 기꺼이 위험에 도전하려 한다. ② 실패에 대한 솔직한 평가를 통해 겸손하게 자기반성을 한다. ③ 남의 말을 경청한다. ④ 개방된 마음으로 다른 사람의 의견과 아이디어를 얻으려 하고, 그들 자신이 모든 것을 다 알고 있다거나 다른 사람에게 배울 것이 없다고 생각하지 않는다. 평생학습자의 습관을 들여다보면 성숙한 학습자의 모습을 떠올린다. 그들은 위험이 있어도 도전하면서 실패를 겸손하게 인정하고 다른 사람의 말을 경청하는 사람이다. 그들은 개방적으로 언제나 다른 사람들로부터 배울 마음의 준비가 된 사람들이다.

교육계의 리더는 평생학습자의 습관을 깊이 새겨둘 만하다. 그들의 습관은 리더가 갖추어야 할 자세와 유사한 점이 많다. 지식정보화사회는 필연적으로 평생학습사회를 잉태시켰다. 평생학습사회는 '인간은 학습동물이다'라는 명제를 전제로 깔고 있는데, 이 명제를 뒷받침하는 철학은 개방성, 포용성, 다양성에 있다. 교육을 제도권의 교육으로 한정하는 교육자가 있다면 구태의연한 과거형에 살고 있다. 교육계의 리더들이 제도권 교육에서 리더십을 발휘하는 것에 머물러서는 반쪽짜리 리더이다. 리더 자신이 평생학습자이고 평생학습공동체의 일원이라는 것을 잊지 말아야 한다. 학교교육은 평생교육의 연장선상에 있다는 점에서 학교교육과 평생교육을 구분할 필요가 없다. 평생학습사회라는 광의적 측면에서 교육 리더십을 발휘해야 한다.

---

10 한정곤 역. 앞의 책. pp. 254−256.

Chapter 05

# 어떤 리더십을 선택할 것인가?

리더십을 키우는 일은 짧은 여행이 아니라 평생에 걸친 여정인 것이다.

-존 C. 맥스웰-

우리는 마음을 바꿀 수 있다. 우리는 새로운 신념을 선택할 수 있다.

-스펜서 존슨-

지금까지 우리들은 리더십에 대한 정의에서부터 그와 관련된 이론적 배경에 대해 살펴보았다. 더불어 미래학자들의 통찰력을 바탕으로 앞으로 전개될 교육의 모습과 방향에 대해서도 살펴보았다. 지식정보화사회와 평생학습사회의 필연적인 연계성에 대해서도 알게 되었다.

이제부터는 본격적으로 리더십의 선택에 대해 다뤄보고자 한다. 급변하는 사회 변화와 함께 교육환경 역시 높은 파고에 영향을 받을 수밖에 없는 이때 리더에게 필요한 리더십은 무엇인가? 리더가 선택할 수 있는 리더십에는 어떤 유형이 있는가?

실존주의 철학자 키에르케고르는 "인간이 할 수 있는 일은 두 가지이다. 그것은 죽음과 선택이다"라고 주장했다. 인간 앞에 놓여 있는 선택지는 죽음과 선택 두 가지 밖에 없다. 키에르케고르는 인간의 실존 문제를 압축적으로 제시했다. 인간은 유한한 존재로서 죽음을 피할 수 없지만, 어떻게 살고 어떻게 죽음을 맞이할 것인가에 대해서는 선택이 가능하다. 개인의 가치관에 따라 어떤 삶을 살

것인가, 어떤 죽음을 맞이할 것인가는 다를 수 있다. 선택하지 않으면 될 것 아니냐고 항변할 수 있겠지만, 선택을 회피하는 것 자체가 이미 선택한 것이나 마찬가지이다.[1]

사람이 시장이나 백화점에서 물건을 고르는데도 선택의 문제로 많은 고민을 하고 시간을 쏟는데, 하물며 리더십의 선택에 직면해서는 더 큰 고민거리가 아닐 수 없다. 리더가 상대방에게 힘이나 영향력을 행사하여 리더십을 발휘하고 싶지만, 어떤 유형의 지도력을 선택할 것인가의 문제는 매우 어려운 문제다. 리더십이 선택의 문제라면 제대로 된 리더십을 선택해야 할 것이다. 운전자가 길을 잘못 선택하면 엉뚱한 목적지에 도달하는 것처럼 현명한 선택을 해야 할 것이다. 리더십의 선택은 물건을 고르거나 식당에서 메뉴를 정하는 것처럼 간단하지 않다. 더구나 인간은 복잡한 내면의 세계를 가지고 있다는 점에서 선택은 늘 어려운 일이다. 리더만이 리더십 유형을 선택하는 것은 아니다. 추종자들도 선택의 갈림길에 놓여 있다.

결국 선택한다는 것은 미래에 할 일을 정하는 것이다. 그 미래는 내일일 수도 내년일 수도 10년 후일 수도 있다. 선택에 관한 한 대다수의 사람들은 아마추어 점쟁이에 가깝다고 할 것이다. 전문적인 점쟁이는 하늘의 별이 되었든 음양오행이 되었든 나름대로 근거를 바탕으로 선택한다. 한치 앞을 내다보기 어려운 세상이다. 그만큼 선택이 어렵기 때문에 점쟁이를 찾아가 쉽게 선택할 수 있는 방법이 있는가에 대해 자문을 구하는 것이다. 시인 아치볼드 맥리시는 "자유란 선택할 수 있는 권리로서의 자유를 말하고, 선택의 가능성이 없다면 인간은 인간이 아니다"라고 한다.[2] 키에르케고르의

---

1 김광수 역. 앞의 책. p. 181.

선택의 문제를 생각하면 할수록 그 의미가 넓고 깊다. 선택은 인간의 실존 문제이면서 동시에 자신의 태도를 결정하는 주체로서 인간의 자유의지를 나타낸다. 그는 실존으로서 선택과 실존의 해체로서 죽음이라는 두 가지 테제로 인간의 존재를 정의한 것이다.

본 장에서 필자는 리더가 상황을 고려하고 리더십 유형을 선택할 수 있다는 점에서 블레인 리가 제시하는 세 가지 리더십의 유형을 모델로 제시하고자 한다. 강압적 리더십, 실리적 리더십, 원칙 중심의 리더십이다.[3] 이 세 가지 리더십 유형은 선택의 기로에 놓여있는 리더들에게 유용한 리더십 모델이 될 것으로 생각한다. 필자는 블레인 리에게 큰 빚을 졌다. 필자가 리더십에 대해 고민하고 있을 때 그의 연구물은 단비가 되었고 교육자가 지향할 최적의 리더십 모델로 선택하게 되었다.

리더에게 리더십은 선택의 문제라고 전제하였다. 선택하는 당사자에게는 익숙한 선택의 방식이 있기 마련이다. 사람마다 약간의 차이는 있을 수 있지만 효과를 보았던 방식이 있었다면 계속해서 그 방식을 사용하고 싶은 욕구가 생긴다. 자신이 사용한 방식에 대한 강화 현상이 일어나면 다른 방식은 고려하지 않게 된다. 매슬로우는 이러한 현상을 <효능의 환상>이라고 표현하였다. 망치를 잘 쓰는 사람은 이 세상의 모든 물건이 못으로 보이는 것과 같은 이치이다. 그래서 사람이 어떤 일을 할 때는 자신이 가장 익숙하게 할 수 있는 방식을 고집하기 마련이다.

---

2 Iyengar, S. (2010). *The art of choosing*. 오혜경 역(2012). 선택의 심리학. 파주: 21세기북스. p. 8; pp. 419-420.

3 장성민 역. 앞의 책. pp. 85-242.

마찬가지로 리더도 자신에게 익숙한 리더십 유형에 대해 환상에 빠져들 수 있다. 이러한 상황을 심리학자 스키너는 <미신적 댄스>란 용어로 설명한다.[4] <미신적 댄스>(행동)는 스키너의 유명한 비둘기 실험에서 나온 용어이다. 실험자는 비둘기가 어떻게 행동하는가에 상관없이 무작위로 먹이를 주었지만, 비둘기는 자신의 행동과 먹이 사이의 상관관계를 만들었다. 비둘기는 가장 최근의 행동을 반복함으로써, 즉 날개를 펼치든 부리로 벽을 찧든 아니면 발로 땅을 파헤치든 해서 먹이를 얻을 수 있다고 믿고 있다. 이렇듯이 보상받는 행동은 강화되는 경향이 있지만 종종 강화되기 직전에 우연한 행동이 먼저 발생하는 경우도 있다. 예를 들어, 야구선수들이 홈런을 치기 전에 방망이로 땅을 몇 번씩 두드린다든지, 사람들이 카지노 슬롯머신을 선택할 때 방금 고액배당이 터진 기계 앞에 앉으려 하는 것 등이다. 기업에서도 잘못된 정보와 측정 기준으로 인해 수많은 <미신적 댄스>를 낳고 또한 그것들을 유지하려는 경향이 높다.

　　사람들은 자신도 모르게 <효능의 환상>과 <미신적 댄스>에 익숙한 행동을 하는 경향이 높다는 것을 알 수 있다. 이성이 감정이나 습관을 제어하고 합리적인 선택을 할 것 같은 호모 사피엔스이지만 현실은 전혀 다르게 나타난다. 리더가 리더십의 유형을 제대로 알고 어떻게 선택할 것인가에 대해 학습이 필요한 이유다. 교육자들은 어떤 유형의 리더십을 선택할 것인가? 선택은 신념의 문제요, 원칙을 세우는 일이다. 교육자가 어떤 신념과 원칙을 선택하느냐는 곧 그의 리더십 유형이 된다. 어떤 신념은 교육자를 주저

---

4 안영진 역. 앞의 책. pp. 333-335.

앉힐 것이고, 또 어떤 신념은 교육자를 앞으로 나아가게 할 것이다. 아래에서 기술하는 세 가지 유형의 리더십과 예화는 블레인 리의 《지도력의 원칙》에 준거하여 필자의 생각을 가감하였음을 밝혀 둔다.

강압적 리더십: 일시적 영향력

> 두려움으로 사람들의 행동을 통제할 수 있다.
> 그러나 그들의 마음이나 정신을 통제할 수 없다.
> -블레인 리-

강압적 리더십의 요체는 권력의 행사자가 사람들에게 두려움이나 공포심을 주어 사람을 따르게 하는 것이다. 강압적 리더십을 압력 접근법(big stick approach)으로 부르는 이유이다. 추종자의 입장에서는 리더의 말을 따르지 않으면 자신에게 미칠 영향을 두려워하여 리더를 따른다. 추종자는 진심으로 따르고 싶은 마음이 일어나지 않아도 두렵고 불안한 마음에 복종한다.

군대의 신병훈련소는 강압적 리더십 유형에 적합한 보기가 된다. 일반 사회와 분리된 특수한 조직인 군대조직, 그것도 훈련소에서의 일상생활과 훈련 과정은 공포분위기 조성, 협박, 물리적 강제력을 사용하여 훈련의 목표를 달성한다. 훈련생은 자발적으로 지휘관의 지시에 따르기보다는 두려움과 불안을 느껴 그의 말에 복종하게 된다.

강압적 리더십도 상황에 따라서는 효과적인 경우가 있다. 예를 들어, 재산이나 생명이 위협받을 경우에는 강압적인 리더십이 필요하다. 분초를 다투고 사안이 매우 위급한 상황에서는 평소와는 달리 큰 소리를 치거나 강한 어조로 말을 하지 않을 수가 없다. 강압적인 리더십은 그 동인이 유효할 때는 효과가 있지만, 강압이 제거되면 리더십도 약해진다.

강압적인 리더십 방식을 사용하여 얻을 수 있는 결과는 적대감, 싸움, 순종, 반대, 복수, 큰 위험, 작업 거부, 굴종, 불신, 반항, 패/승적 관계, 성급한 조치, 일시적 결과이다.[5] 리더가 강압적 방식을 사용하여 얻은 결과를 살펴보면, 리더의 입장에서 부하의 일시적인 순종을 얻을 수 있지만 상대방에게 적대감과 복수심을 갖게 하여 결국에는 리더에게 반항을 하거나 더 나아가서는 지시나 명령을 따르지 않고 거부하게 된다. 강압적 리더십은 일시적 효과를 얻을 수 있을지 몰라도 상황에 따라서는 더 큰 위험을 초래할 수 있다.

리더 역시 사람이다. 인간으로서 리더가 인간의 본성에 대해 어떤 관점이나 시각을 갖고 있느냐에 따라 그의 리더십의 유형도 달라진다. 강압적 리더십 유형을 사용하는 리더는 더글라스 맥그레거의 X, Y이론 가운데 X이론에 바탕을 둔다. X이론은 인간의 나태함, 수동성, 무책임성, 구태의연함을 강조한다. X이론의 기본 전제는 이렇다. ① 보통의 인간은 선천적으로 일하기를 싫어하며, 가능한 할 일을 회피한다. ② 인간은 책임을 회피하려 하고, 야망이 없다. ③ 대부분의 사람들은 조직문제를 해결할 만한 창의성이 없다. ④ 따라서 조직목표를 달성하기 위해 강제, 명령, 위협을 통한 처벌 방법을 강구해야 한다.[6] 인간의 본성에 대한 부정적인 가정은 강제

5 장성민 역. 앞의 책. pp. 116-117.

6 McGregor, D. (1960). *The human side of enterprise.* New York, NY:

적 리더십의 명분을 강화시킨다. 이러한 상황에서 리더는 어떤 리더십 유형을 선택하겠는가? 일하기 싫어하고 창의성도 없는 사람에게 조직의 목표를 달성하도록 하기 위해서는 명령과 통제가 적절할 수 있다고 판단할 것이다.

리더가 X이론의 특성을 갖고 있는 사람들에게 리더의 말을 따르게 할 때, 강압적 리더십은 하나의 적절한 리더십 유형이 될 수 있다. 대부분의 사람들이 X이론에 해당하지 않다는 데 강압적 리더십은 문제가 있다. 오히려 대부분의 사람들은 창의적 능력도 있고 자율적으로 일을 수행하는 Y이론적인 측면이 훨씬 더 많기 때문이다.

강압적 리더십을 사용하는 리더들은 상대방에게 두려움을 주어 자신이 원하는 것을 얻을 수 있다고 생각한다. 그런 점에서 보면 강압적 지도자 유형은 후렌치와 레벤이 주장하는 강제적 권력에 가까운 것으로 보인다. 강압적 리더십이나 강제적 권력은 권력 행사자가 상대방에게 상이나 벌을 줄 수 있는 권력을 가지고 있을 때 성립하기 때문이다. 아래의 두 가지 예화는 강압적 리더십의 실체를 그대로 보여준다.

첫 번째 예화다. 아버지가 강압적인 자세로 어린 아이들에게 소리를 지른다. "신발 빨리 신어! 기저귀 빨리 갈아 차! 아직 바지를 못 찾았다고? 빨리 차에 타! 아침밥 안 먹은 건 괜찮아. 동생을 놀리지 마라! 한대 맞아야 되겠니? 한 번만 더 말을 안 들으면 큰일 날 줄 알아라. 빨리 서두르지 않으면 너만 집에 남겨두고 가버릴 거야." 아버지가 짧은 시간에 속사포로 쏟아내는 문장에는 '빨

McGraw−Hill. pp. 33−48.

리'라는 단어가 네 번 등장하고, 긴박한 명령어가 이어진다. 협박과 위협을 느끼게 하는 문장으로 시작하고 끝이 난다. 이 정도면 아동학대도 심한 축에 속한다. 이런 숨 막히는 상황은 어떻게 합리화될 수 있을까? 집에 불이 났을까? 지하실에 무장괴한이 침입했을까? 아니다. 이 가족은 지금 사랑을 느끼고 배우려고 교회에 갈 준비를 하고 있는 중이다. 그는 예배시간에 늦지 않는 것이 너무나도 중요하다고 생각한 나머지, 친절함이나 부드러움 또는 인내심 같은 것을 모두 잃어버리는 우를 범하고 있다. 토요일 저녁에 미리 준비를 하고 매사에 조금만 더 신경을 쓰기만 하더라도 이러한 소동은 피할 수 있을 것이다.

　두 번째 예화를 보자. 이 가정의 부모는 두 딸들의 옷차림에 대해 대단히 완고했다. 아이들이 학교에 가거나 친구들과 외출할 때 무슨 옷을 입어야 하는지는 늘 부모가 결정해 주었다. 그 부모는 매우 비합리적이고 독단적이었으며, 딸들의 말에 귀를 기울이지 않았다. 그런 완고함에 지친 딸들은 엄마가 무슨 옷을 골라주든 무조건 그 옷을 입기로 했다. 언젠가부터 아이들은 자기 옷을 친구의 집에 옮겨 놓기 시작했다. 집에서 나와서는 친구 집으로 가서 옷을 갈아입고 학교에 갔다. 방과 후에는 다시 친구 집으로 가서 하루 종일 입고 다녔던 옷을 벗어 던지고 아침에 집에서 입고 나온 옷으로 갈아입는다. 집에 돌아왔을 때 부모는 아이들의 유순한 행동을 지켜보면서 매우 만족한 표정을 짓는다.

　위 두 예화를 보면서 부모의 리더십에 대해 많은 생각을 하게 된다. 세상에서는 부모자격증을 발급하지 않는다. 결혼하고 부부로 살다 아이를 낳으면 부모가 된다. 인증자격증이 없어도 자동적으로 부모가 된다. 부모 노릇하기가 얼마나 어려운가는 겪어본 부모라면 굳이 설명할 필요가 없다. 부모의 리더십도 가지각양이다. 어떤 리더십 유형을 선택하는가는 부모와 자녀의 관계, 가정의 행복, 자녀의 가치관, 인생관, 세계관에 큰 영향을 미칠 수밖에 없다.

　부모는 자녀의 양육과정에서 강압적인 방법이 마치 효과가 있는 것처럼 착각하고 환상에 빠져 습관적으로 이런 방법을 사용하고 싶어 하는 유혹을 받는다. 부모 역시 완전한 인격체가 아니고 불완전하지 않은가. 부모 입장에서 강압적인 방식을 사용하면 눈앞의 문제를 금세 해결할 것처럼 보여도 그렇게 녹록치 않다. 언젠가 부모의 자녀양육방식이 환상이나 미신이었다는 것을 알고 후회할 수 있다. 상황은 이해된다. 사람이 일상생활 속에서 해야 할 일이 많고, 또 그 일을 빨리 쉽게 하고 싶은 마음이 생기면 상대방을 협박하고 공포심과 두려움을 느끼게 하여 일을 처리하고 싶어 한다. 문제는 이런 일 처리 방식이 항상 효과가 있는 것은 아니라는 것이다. 가정은 군대나 교도소가 아니다. 강압적 지도력은 어디까지나 제한된 상황에서 사용되어져야 한다.

　교육자들은 학습자와 상호작용을 하는 과정에서 강압적 리더십을 빈번하게 사용하고 있다. 교육기관에서 체벌은 대표적인 강압적 리더십의 보기에 해당한다. 교육자가 신체적 벌을 행사함으로써 교육적 효과가 있다고 믿거나 체벌에 익숙한 교육자는 어떤 일이 생길 경우에는 우선적으로 체벌을 생각한다. 매슬로우의 <효능의 환상>이나 스키너의 <미신적 댄스>처럼 어떤 상황에서 강화된 행동은 계속하여 반복하고 싶은 충동과 같은 것이다.

　물론 체벌을 통해 교육적 효과를 거두고 학습자의 자세와 태도를 개선하며 행동의 변화를 이끌어 낼 수도 있다. 전통적인 교육 방식에 익숙한 교육자에게는 체벌만큼 확실한 교육적 효과도 없을 것이다. 강압적인 리더십, 즉 매를 때리든 기합을 주든 교육자의 입장에서 효과를 보았다고 생각할지 몰라도 학습자는 속으로 반감이나 저항감을 키울 수 있다. 실제로 일부 학습자들은 지나친 체벌의 경험 때문에 학창시절의 기억이 부정적으로 얼룩지고, 사제 간의 인연을 아름답게 살리지 못한 채 지내는 사람도 있다. 지금 생각하면 필자의 초중등학교 시절을 뒤돌아보면 선생님들은 학습자들을 무던히도 체벌했다. 교육기관에서도 군대 용어가 사용되었다. 학생은 피교육자였고 교육자는 철저히 학생 위에 군림했다. 군사독재와 권위주의적인 사회의 특성이 교육기관에도 고스란히 투영되고 잘못된 문화를 형성했다. 때리는 부위도 머리부터 발바닥까지 신체의 모든 부위가 대상이었다. 오늘날 기준으로 보면 심각한 인권 침해는 물론 형사고발감이었다.

필자는 학창시절의 체벌 경험을 생각하면 파잔(Phajaan)을 연상하게 된다. 파잔은 태국이나 미얀마 등 동남아시아에서 코끼리를 조련하는 방법이다. 새끼 코끼리가 2살이 되면 어미에게서 떼어내 기둥에 묶어두고 때리면서 조련하는 잔인한 사육법이다. 이때 받은 충격이 너무 큰 나머지 성장해서도 묶어두기만 하면 도망치지 못한다. 한마디로 충격적인 조련을 통해 코끼리의 야생성을 완전히 제압한다. 동물원에서 조련사의 지시에 따르는 코끼리의 행동은 인간이 무자비한 폭력으로 야생성의 코끼를 길들인 결과다. 교육자가 '사랑의 매'라는 이름으로 어린이와 청소년을 가혹하게 체벌하면서 지시나 명령에 무조건 순응하도록 훈련시키는 것은 어린 코끼리를 때리는 조련사의 파잔과 다를 바 없었다. 지금 이런 교육자가 있다면 교단에 설 수도 서지도 않아야 한다.[7]

리더가 강압과 통제를 사용하여 목표를 달성해야 하는 상황에서는 강압적 리더십을 발휘할 수 있다. 그러나 시간이 지난 뒤에 보면 과연 그 당시에 그런 유형의 리더십을 적용한 것이 적절하였던가에 대한 평가는 명확해진다. 강압적인 지도력을 사용할 경우에 그 효과라는 것은 대중요법처럼 일시적이고 대응적이라는 점을 고려해야 한다. 강압적인 통제체계가 사라지면 동시에 효과도 사라진다. 알렉산드르 솔제니친의 말은 적절하다. "당신이 남들에게 권력을 행사하려면 그들에게 모든 것을 빼앗으면 안 된다. 모든 것을 빼앗긴 사람은 더 이상 당신의 권력 안에 있지 않는다. 그는 다시 자유인이 되는 것이다."[8]

7 남종영. (2020년 6월 30일). 코끼리의 잔혹한 성년식, '파잔'을 아십니까?. *한겨레*, http://www.hani.co.kr/arti/animalpeople/wild_animal/951617.html#csidx4844 94bed106374ac17 9e38e235bd64 에서 2021년 3월 30일 인출.

8 Covey, S. R. (1989). *Principle-centered leadership*. 김경섭 외b 역(2001). 원칙중심의 리더십. 서울: 김영사. p. 156.

실리적 리더십: 대응적 영향력

> 물론 당신은 자신이 원하는 것을 얻을 수 있다. 그러나 당신이 원하는
> 부분을 얻는 그 과정에서 다른 사람들에게 역시 무언가를 얻도록 해야 한다.
>
> -허브 코헨-


실리적 리더십에서 리더와 추종자는 서로 자신이 가진 유용한
무엇인가를 교환한다. 이를테면 리더는 정보, 돈, 영향력 등을 가지
고 있고 추종자도 역시 돈, 인적 자원, 지지세력 등을 가지고 있다
면 상호 실리를 교환할 수 있다. 쌍방에게 돌아갈 혜택이나 이익이
있는 한 인간관계는 유지될 수 있다. 철저히 공정성과 평등성에 근
거하여 관계가 유지되고 서로 공생할 수 있다.

현대사회의 개인주의와 물질중심주의는 실리적 리더십을 점점
강화시키고 있다. 실리적 리더와 추종자들의 인간관계는 냉혹하다.
철저히 실리 차원에서 맺어지기 때문에 상대에게 더 이상 얻을 것
이 없으면 관계가 더 이상 유지되지 않는다. 한쪽이 원하지 않은
방향으로 일이 진행되어 실리적 관계가 깨졌을 때, 그는 자신의 실
리를 찾기 위해 소송을 할 수 있다. 자칫하면 소송으로 문제를 해
결하는 소송만능 사회가 될 가능성이 있다.[9]

---

9 일찍이 프랑스의 토크빌(Alexis de Tocqueville)도 미국 방문 소감으로, 미국에
  서 모든 이슈들은 "곧 사법적 논쟁의 대상"이 된다고 하면서, 미국인들은 소송을

웃을 수만은 없는 이야기가 있다. 미국사회에서는 변호사를 친구로 두지 말라고 한다. 금슬 좋게 잘 살고 있는 친구 부부를 서로 이간질하여 결국 이혼을 하게 만든다. 물론 이혼 소송에 따른 수임료는 자신이 챙긴다. 변호사가 많은 미국사회에서 친구의 우정보다는 자신의 실리만을 밝히는 변호사를 풍자한 유머이지만 소송만능 사회의 안타까운 현실을 단적으로 보여주고 있다. 이런 비유가 어디 미국사회에 국한하겠는가. 어떤 사회든 어떤 인간관계든 이해가 얽혀 있으면 소송이 만연할 수밖에 없다. 한국 사회도 이미 소송사회에 진입했다.

실리적 리더십은 협상에 근간을 둔다. 세상의 8할은 협상이라고 한다. 마치 우리들이 살아가는 세상은 거대한 협상 테이블이다. 협상학의 대가 허브 코헨의 말이다. "협상이란, 정보, 시간, 힘을 이용하여 당신에게 무엇인가를 원하는 상대로부터 당신에 대한 호의 그리고 당신이 원하는 무엇인가를 얻어내는 것이다. 세상의 모든 것이 협상의 대상이 될 수 있다. 그것이 명성이든, 자유이든 아니면 돈이나 정의 또는 사랑, 사회적 지위, 신체적 안전 등 무엇이든 간에 우리가 누리고자 하는 온갖 것들을 협상을 통해 얻어낼 수 있다."[10] 우리들이 살아가는 일상생활에서 협상이 차지하는 비율이 그렇게 높을까 하고 의아하게 생각도 하겠지만, 아침에 눈을 뜨고 잠자리에 들 때까지의 일련의 과정을 생각해 보라. 우리들은 매일같이 의식적이든 그렇지 않든 간에 자신 또는 다른 사람들과 작거

좋아한다고 말한 바 있다(Fischer, L., et al. (1999). *Teachers and the law*. New York, NY: Addison Wesley Longman, Inc., p. vii.)

10 Cohen, H. (1980). *You can negotiate anything*. 강문희 역(2002). 협상의 법칙. 서울: 청년정신. pp. 15 – 16.

나 큰 협상을 하게 된다는 것을 깨닫게 될 것이다. 실리적 지도력은 바로 이런 협상을 통해 서로가 필요한 것을 얻는다. 협상을 통해 내가 원하는 것과 상대방이 원하는 것을 서로 만족시키는 것이다. 아래의 상황은 실리적 리더십의 적절한 예화를 나타낸다.

먹다 남은 파이 한 조각을 가지고, 오누이가 서로 큰 조각을 먹겠다며 다투고 있었다. 두 사람 모두 상대방에게 속지 않고 큰 조각을 차지하려고 다투었다. 결국 오빠가 칼을 잡고 자기가 먹을 큰 조각을 잘라내려 할 때, 마침 부모님이 들어오셨다. 상황을 이해한 부모님은 솔로몬의 지혜를 빌려 이렇게 말했다. "잠깐! 누가 파이를 두 조각으로 나누는지는 상관하지 않겠다. 그러나 자르는 사람은 상대방에게 원하는 쪽을 고를 권리를 줘야 한다."

이렇게 되면 오빠의 입장에서는 자기 이익을 보호하기 위해 파이를 똑같이 자를 수밖에 없다. 이 부모는 협상학을 배운 학습자일 것이라는 생각이 든다. 부모는 아들에게 절묘한 해법을 제시했다. 아들도 딸도 만족하는 윈 - 윈전략이 맞아떨어졌다.

실리적 리더십은 상대방과 무엇인가를 서로 교환 또는 거래할 수 있다는 점에 근거한다. 리더인 나는 상대방이 원하는 어떤 것을 가지고 있고, 상대방은 내가 원하는 것을 가지고 있다는 전제를 깔고 있다. 쌍방은 조건이 맞을 때 협상을 하고 거래를 할 수 있다. 협상의 결과 나는 내가 원하는 것을 얻고 상대방은 자신이 원하는 것을 얻을 수 있다. 양쪽 모두는 이러한 거래가 합리적이라고 생각한다. 대부분의 경우 쌍방이 원하는 것을 얻게 되고 당면한 문제를 해결할 수 있다. 실리적 리더십은 순기능, 즉 쌍방이 제시한 조건이 서로에게 부합된다면 윈－윈 관계를 형성할 수 있다.

퇴니스의 이익사회는 실리적 리더십의 특성과 맞아떨어진다. 이익사회에서는 협상과 계약이 사회 운영의 중요한 원리가 되고 개인의 이익추구와 경쟁이 장려되기 때문이다. 이익사회에서 인간관계는 목적을 염두에 둔 수단으로서 유지된다. 이익사회란 곧 인간의 독립성에 기초한 개인주의 사회이다.[11]

실리적 리더십은 인간의 합리성을 전제로 하여 성립된다. 강압적 리더십에서 리더는 자신이 원하는 것을 얻기 위해 상대에게 불안감이나 공포심을 부여하지만 실리적 리더십에서 리더는 서로가 동등한 입장에서 협상을 한다. 쌍방이 필요로 하는 것을 주고받는다는 관점에서 보았을 때 쌍방에게 공정하고 쌍방이 독립적일 때 효과가 있다. 실리적 리더십의 효과가 여전히 잠정적이고 조건적이라고 보는 것은 쌍방 간에 어느 한쪽이라도 균형이 무너질 때 관계는 성립하지 않는다는 것이다. 서로 주고받는 관계가 성립될 때 실리적 리더십도 성립한다.

블레인 리는 실리적 리더십이 성립하기 위한 전제조건으로 쌍방의 공정성과 독립성을 강조한다.[12] 첫째, '공정함'이란 모든 인간관계에서 가장 기본적인 전제조건이 된다. 협상의 결과 어느 한쪽으로 저울이 기울게 된다면 그 협상에 대해 불만을 갖게 되고 결국에는 문제가 생기게 될 것이다. 협상에 참여한 양측 모두가 상호관

---

11 최인철 역, 앞의 책. pp. 60－61.
12 장성민 역. 앞의 책. pp. 121－123.

계를 맺는 것이 가치가 있다고 느껴야 한다. 공정성이 결여되었다고 판단되면 협상은 결렬되고 관계가 깨지게 된다.

사회 구성원 개개인의 다양한 목소리를 존중하는 현대사회에서 협상을 통해 문제를 해결하는 경향은 더 커질 것이다. 개인뿐만 아니라 국가 차원에서도 협상력을 갖고 있느냐에 따라 얻을 수 있는 결과는 달라진다. 자유무역협정(FTA)과 같은 국제통상협상은 국민과 국익에 직접적인 이해관계가 걸려 있다는 점에서 실리적 리더십을 발휘할 이슈라고 할 것이다. 국가 차원에서도 협상 및 통상전문가를 양성하는 것이 시급한 과제로 부상한 이유이다.

둘째, 실리적 리더십은 양측이 독립적일 때 성립한다. 이것저것 눈치 안 보고 소신껏 자신의 협상력을 발휘하는 것으로 쌍방의 자유의지에 따른다. 협상을 통해 생기는 결과가 마음에 들지 않으면 언제든지 협상을 그만둘 수 있다. 협상을 중단할 수 있는 자유뿐만 아니라 협상을 계속할 수 있는 자유 또한 존재한다.

실리적 리더십의 전제조건으로서 독립성을 말할 때면 구한말에 전개된 우리나라의 상황이 떠오른다. 당시의 상황을 보면 우리나라는 중국, 일본, 러시아 등 강대국 사이에 끼여 제대로 된 외교협상 한번 해보지 못하고 고스란히 나라의 존망을 외세의 처분에 따를 수밖에 없는 형편이었다. 국운이 쇠퇴하여 독립국가로서 자유의지를 가지고 권리행사를 할 수 없었다. 국가 간에도 대등한 국력을 가지고 독립적인 입장에 서있을 때 서로 간에 필요로 하는 것을 얻을 수 있다. 구한말 역사를 공부하면 자존감이 무너지고 위정자들의 무능함에 교과서를 덮어버리고 싶은 욕구를 느낀 것은 필자만이 아닐 것이다. 왕에서 신하에 이르기까지 위정자들은 지나치게 무지몽매했고 폐쇄적 사회는 세상의 변화에 어두웠다. 저울추가 한쪽으로 완전히 기울러버린 상태에서 협상은 무용지물에 불과하다.

요즈음 교육자, 특히 교육경영자들은 실리적 리더십의 배양을 필요로 한다. 교육시장의 개념과 실적주의가 강조될수록 실리적 리더십은 더욱 요청받게 될 것이다. 단위 학교 책임제가 제도적으로 정착하게 되면 교육기관장은 교육기관과 관계되는 많은 이해집단 등과 협상을 통해 쌍방이 필요한 것을 얻어내야 한다. 교육부도 매년 여러 교직단체와 협상을 하고 쌍방이 근무조건 등에 합의하며 서로의 이해관계를 만족시킨다.

원칙 중심의 리더십: 지속적 영향력

우리가 세상의 일을 통제하는 것이 아니라 원칙이 통제한다. 우리는
자신의 행동을 통제하지만, 이런 행동의 결과는 원칙이 통제한다.
-스티븐 R. 코비-

《성공하는 사람들의 7가지 습관》의 저자 스티븐 코비의 말은
강렬하다. 세상 일을 하다보면 겉으로 보기엔 강압적이거나 실리적
인 차원에서 일이 진행되는 것처럼 보이지만 원칙이 작동한다는 것
이다. 만사가 원칙에 의해 움직인다. 원칙 없이 일하는 사람은 일을
제대로 하지 않는 사람일 것이다. 원칙이 잘못 설정되어 있으면 일
의 결과가 잘못될 가능성이 높은 법이다.

원칙 중심의 리더십은 필자가 주장하는 리더십 유형의 본질에
해당한다. 강압적 리더십과 실리적 리더십은 상대방으로부터 타율
적인 행동, 즉 두려움을 느끼게 하거나 서로가 필요한 이익을 얻게
될 때 성립하는 리더십이다. 원칙 중심의 리더십은 사람의 명예와
존경심에 바탕을 두고 있다. 부하는 리더를 진심으로 따르며 마음
으로부터 감동과 감화를 받는다. 부하가 원칙 중심의 리더와 함께
일할 때는 자신이 원하는 것이 없어도 리더가 시키지 않아도 자율
적으로 따르고 알아서 한다.

원칙이란 어떤 곳에서는 통하고 어떤 곳에서는 통하지 않는 관행과는 다른 보편적인 적용성을 가진다. 표준국어대사전에서는 원칙이란 "어떤 행동이나 이론 따위에서 일관되게 지켜야 하는 기본적인 규칙이나 법칙이나 원리이다"라고 한다. 원칙은 일관되게 정북을 가리키는 나침반이다. 나침반의 원칙은 정북을 가리키고 있는 것이다. 비가 오나 눈이 오나 바다나 사막이나 언제 어디서든 정북을 가리킬 때 나침반은 가치가 있다. 마찬가지로 원칙 중심의 리더의 행동은 예측가능하다. 리더의 원칙이 정북을 가리키고 있다는 것을 아는 부하라면 어떤 상황에서 어떤 행동을 할 것인가를 알 수 있다.

다음의 이야기는 스티븐 코비의 《성공하는 사람들의 7가지 습관》에 나오는 원칙과 관련된 예화이다.

훈련함대에 배속된 두 대의 전함이 수일 동안 계속되는 폭우 속에서도 대대적인 해상 기동훈련에 참가하고 있었다. 나는 선두 전함에 소속되어 야간이 되자 함교(艦橋)에서 감시 임무를 맡고 있었다. 안개가 너무 짙어 시야가 불분명했고, 이 때문에 선장은 모든 활동을 감시하기 위해 계속 함교에 남아 있어야만 했다.

완전히 어둠이 깔렸을 때 함교의 앞쪽에 근무하던 감시병이 다음과 같이 보고하였다.

"우현 이물 쪽에 빛이 보입니다."

"불빛은 가만히 있는가, 아니면 고물(배의 뒷전) 쪽으로 움직이고 있는가?" 하고 선장이 소리쳤다. 감시병은 "움직이지 않습니다. 선장님" 하고 대답하였다. 이는 우리 배가 그 배와 충돌할 수 있는 위험한 코스에 들어와 있음을 의미하는 것이었다.

그러자 선장은 신호수에게 소리쳤다. "저쪽 선박에 충돌코스에 들어와 있다고 신호를 보내라. 그리고 항로를 20도 방향으로 바꾸라고 지시하라."

저쪽에서 신호가 되돌아왔다. "당신들이 항로를 20도 바꾸시오"라는 연락이었다.

선장은 "나는 선장이다. 20도를 움직여라"라고 명령하였다.

"저는 이등 항해사입니다. 선장님께서 20도 바꾸는 게 좋겠습니다"라는 응답이 돌아왔다.

그러자 선장은 매우 화가 나서 소리쳤다. "우리는 전투함이다. 당장 진로를 20도로 변경하라."

조명 빛과 함께 다시 응답이 돌아왔다. "저희는 등대입니다"라고.

우리는 즉시 항로를 변경하였다.

원칙은 등대와 같다. 원칙이란 상황 논리에 흔들리지 않고 불변의 가치를 갖는 근본적인 인간행동의 지침이 된다. 원칙은 그 자체가 이미 자명한 것이기 때문에 논쟁할 여지가 없다.[13] 이해타산에 따라 원칙이 바뀌는 것은 원칙이 아니다. 손해를 보더라도 지켜나가는 것에서 진정한 원칙은 생겨난다. 리더는 이런 원칙을 이해하는 부하에게 지속적으로 감독, 평가, 수정, 통제를 하지 않고 알아

---

13 Covey, S. R. (1989). *The 7 habits of highly effective people*. 김경섭 외 역a (1995). 성공하는 사람들의 7가지 습관. 서울: 김영사. pp. 43 – 48.

서 처리하도록 권한위임을 해준다. 리더는 원칙들이 부하들의 행동 습관으로 내면화될 때 부하들이 일을 처리하면서 상황에 따라 필요한 관행을 강구할 수 있는 역량을 갖도록 해준다.[14] 원칙이 부하의 행동 습관으로 내면화되지 않았는데 권한위임을 하는 것은 시행착오를 겪을 수 있다. 원칙 중심의 리더십은 자신의 원칙이 자신과 부하에게 내면화되었을 때 비로소 실현될 수 있다.

리더십과 상대방에 미치는 영향력과의 관계에서도 원칙 중심의 리더십은 강압적 리더십과 실리적 리더십과는 차별화된다. 원칙 중심의 리더십은 상대방에게 미치는 영향력이 지속적이다. 강압적 리더십에서의 영향력은 두려움과 공포가 있는 한 지속될 것이다. 실리적 리더십에서의 영향력은 서로가 무엇인가를 얻을 수 있다고 판단한다면, 즉 서로에 대한 필요성의 힘이 느껴진다면 유지될 수 있다. 원칙 중심의 리더십을 따르는 사람은 일시적 기분에 좌우되지 않는다. 바위처럼 단단한 자신의 내재화된 원칙과 가치관에 따라 행동하게 된다.

원칙 중심의 리더십에 적합한 인물로 인도의 마하트마 간디를 꼽을 수 있다. 그는 높은 권력자도 아니었고 외모에 있어서도 남의 주목을 끌 만한 사람이 못 되었다. 국민들은 그의 변하지 않는 조국애와 솔선수범의 정신을 진심으로 따랐다. 간디에 대한 국민들의 절대적인 신뢰와 존경심은 결코 짧은 시간에 만들어진 것이 아니었다. 인도는 영국 식민지배에서 독립하는 과정에서 여러 종파와 정치적 이념을 초월한 통합을 달성할 수 있었는데 간디라는 원칙

---

14 김경섭 외 역b. 앞의 책. p. 148.

중심의 리더가 있었기에 가능한 일이었다. 간디는 인도와 인도인에게 정북을 가리키는 나침반과 같은 존재였다. 인도인들은 변함없이 정북을 가리키는 간디를 진정으로 따랐고 그는 통합의 구심점이 되었다.

반복적으로 강조하지만 강압적인 리더십은 인간의 두려움과 공포심을 이용하여 상대방의 복종을 이끌어 낸다. 강압적인 리더십은 상황이 매우 위급하다든지 조직이나 기관이 위기에 빠진 상황 등 특수한 경우에 사용할 때 유용한 경우가 있음을 안다. 실리적 리더십은 쌍방이 독립적인 개체로서 역할을 할 때 성립하며 서로의 필요를 만족시키기 위해 일종의 거래행위를 하는 것이다. 실리적 리더십은 서로가 필요로 하는 힘을 어느 한쪽이 잃게 된다면 지도력은 성립될 수 없다.

원칙 중심의 리더십은 강압적 리더십이나 실리적 리더십과는 차원이 다른 리더십의 유형이다. 이는 인간의 존경심과 명예에 기초한 리더십이다. 인간의 마음 깊은 곳에서 샘솟는 상대방에 대한 존경심이 리더십의 바탕이 된다. 원칙 중심의 리더십에서 추종자는 상황이 돌변하였다고 하여 리더에 대한 존경심을 쉽게 져버리지 않으며 자신에게 돌아오는 이익이 없다고 하더라도 기꺼이 리더를 따를 준비가 되어 있다. 그 영향력은 지속적이고 자기주도적이다.

'자기주도적'이란 말을 쉽게 풀이하면 자신이 진심으로 하고 싶은 것을 자발적으로 한다는 뜻이다. '말을 시냇가로 데리고 갈 수는 있지만, 물을 먹일 수는 없다'는 말이 있고, '평양감사도 싫으면 그만이다'는 말도 있다. 사람이 하기 싫은 일은 목에 칼이 들어와도 할 수 없을 때가 있다. 반면 자신이 존경하는 리더가 있다면 시키지 않아도 그 리더를 위해 자발적으로 따른다. 영화나 드라마를 보면 그런 리더를 위해 자신의 목숨도 초개처럼 버리는 장면을 심심치 않게 볼 수 있다.

어떻게 하면 교육자는 학습자를 자기주도적으로 만들 수 있을까? 교육자는 학습자 자신이 알고 있는 세계가 편협하다는 것을 깨닫고 그 세계로부터 탈출해 다른 세계를 경험하게 하는 것이다. 배철현은 《심연》에서 이 경험을 황홀감이라고 표현한다. 황홀감은 학습자의 성취감, 자긍심, 자신감, 행복감 등 여러 가지 감정의 복합체다. 이 황홀감을 경험한 학습자는 자기주도적 학습을 하게 된다. 필자가 초등학교 5학년 때 선생님으로부터 칭찬을 들었을 때의 그 황홀감을 떠올린다. 지금 생각해도 학교에서 집으로 어떻게 갔는지 모를 정도였다. 물론 학습자로 하여금 황홀감을 경험하게 하는 방식과 노하우는 교육자의 역량에 달렸다. 이 교육방식과 노하우는 젊은 시절 공부한 것만으로는 체득할 수 없을 것이다. 오늘날 교육자는 곧 평생학습자가 되어야 하는 이유이다.[15]

기업도 이와 마찬가지이다. 좋은 기업이 아닌 위대한 기업들은 고객, 직원들로부터 존경을 받는다. 짐 콜린스는 위대한 기업에 필요한 네 가지 기준을 제시하였다. "네 가지의 기준은 성과(performance), 영향력(impact), 명성(reputation), 지속성(longevity)이다. 위대한 기업의 지속 기간은 100년 이상 유지되는 것을 의미한다."[16] 100년이면

---

15 배철현. (2016). 심연. 파주: 21세기북스. p. 249.

세 번의 세대가 바뀌고도 남는 시간이다. 존경을 받지 못하는 기업은 위대한 기업으로 나아갈 수 없다. 위대한 기업은 제품, 서비스, 고용창출, 사회기여 등에서 개인과 사회의 긍정적인 변화를 촉진시킨다. 위대한 기업으로 도약하기 위해서는 위대한 리더를 만나야 한다.

교육자는 어떤 유형의 리더십을 선택할 것인가? 어떤 리더십을 향해 나아갈 것인가? 해답은 이미 알고 있다. 원칙 중심의 리더십이다. 문제는 실천이다. 어떻게 하면 원칙 중심의 리더십을 실천할 수 있을까? 다음 장에서는 교육자가 지향해야 할 원칙 중심의 리더십을 실천하는 데 필요한 원칙과 신념을 예시를 들어 설명할 것이다.

 사색의 창 • • • • • • • • • • • • • • • • • • • • • • • • • • • •

'존경심과 예우의 차이'

예우를 받는 것과 존경을 받는 것은 다르다. 예우는 메달이나 상장, 표창, 배지, 훈장, 사회적 명성 등으로 증명될 수 있다. 예를 들어, 사회적으로 높은 지위를 누렸던 인사들이 정년퇴임을 하게 되면 정부에서 훈장이나 표창 등을 수여하여 그 사람의 재임 기간 동안의 노고를 치하하는 것을 자주 볼 수 있다. 이러한 일련의 의식들도 그 사람을 존경해서 주는 것이 아니라 일종의 사회적 예우라고 할 것이다. 형식적인 예우는 실리적 지도력의 대표적인 보기가 된다.

존경심은 우리의 내면적인 품성과 관련이 있는 것이고 우리로 하여금 어떤 일을 할 수 있게 만드는 반면, 예우는 우리가 해온 일 때문에 다른 사람들이

---

16 Collins, J. C., & Lazier, W. C. (1992). *Beyond enterpreneurship.* 임정재 역 (2006). 짐 콜린스의 경영전략. 서울: 위즈덤 하우스. pp. 7-9.

주는 사회적 인정과 관련이 된다. 따라서 존경심은 마음속에 인식하고 있는 진정한 의도나 동기와 연관되어 있다. 그렇지만 예우는 의도나 동기와 상관없이 무엇을 했는가의 결과에 좌우된다.

사람에 따라서는 예우는 받고 있지만 존경을 받지 못하는 경우가 있다. 반대로 예우는 받지 못하지만 존경을 받고 있는 사람도 있다.

Chapter 06

# 교육 리더십
: 영원한 유산 창조자로서 교육자의
　여섯 가지 신념과 원칙

지금부터는 원칙 중심의 리더십을 근간으로 영원한 유산의 창조자로서 교육자가 지향해야 할 자세와 역할에 대해 살펴보려고 한다. 필자가 주장하는 교육 리더십이란 교육자가 영원한 유산의 창조자로서 원칙 중심의 리더십을 실천하는 것이다. 교육자가 원칙 중심의 리더십을 실천할 때 그는 영원한 유산을 창조하는 교육자로서 자리 매김을 할 수 있을 것이기 때문이다. 영원한 유산의 창조자로서 교육자란 부제는 블레인 리의 역작 《지도력의 원칙》에서 영감을 얻었음을 밝혀둔다.

인간관계에서 누구든지 영향력을 미칠 수 있고 의미 있는 유산을 남길 수 있지만,[1] 교육자는 학습자에게 소중한 정신적 유산을 남길 수 있는 가장 가까운 위치에 있는 사람 가운데 하나이다. 헬런 켈러에게 애니 설리반 선생님은 영원한 유산의 창조자였다. 교육자는 학습자가 일생에 걸쳐 간직하고 삶의 지표로 삼을 유산을 창조한다. 여기서 유산이란 단순히 지식과 기술이 될 수도 있고, 개인의 가능성을 확인하고 목표를 향해 도전하는 것, 타인에 대한 신뢰와 배려, 근면과 성실, 명예와 존경심, 사랑과 봉사, 사회적 책무성의 실천 등 대단히 다의적인 의미를 내포한다.

헬렌 켈러의 말대로 학습자를 교실로 데려가는 것은 누구나 할 수 있지만 진정으로 배움의 장으로 인도하는 사람은 교육자밖에

---

1 우리나라의 대표적 기업가면서 후대에 많은 교훈과 영감을 불어넣어 주었던 정주영 회장은 '시련은 있어도 실패는 없다'라는 자선전의 첫 장에서 자신이 부모로부터 물려받은 소중한 유산으로 부지런함을 언급하였다. "아버님과 어머님의 그 부지런하심은 나의 일생에 가장 은혜로운 교훈이었고, 오늘의 나를 있게 한 첫째가는 유산이다"(정주영. (1992). 나의 삶 나의 이상 : 시련은 있어도 실패는 없다. 서울: 현대문화신문사. p. 21.)

없다. 교육(education)의 어원에서도 '잠재적이고, 숨겨지고, 표현되지 않은 것을 이끌어낸다'라고 하지 않던가. 교육의 본질적 정의를 보더라도 교육자의 역할 가운데 가장 중요한 역할은 학습자의 내면에 있는 위대성과 잠재력을 밖으로 끄집어내는 것이다.[2] 마치 광맥에서 보석을 찾아 캐내듯이 학습자의 내면에 숨어있는 잠재력과 가능성을 찾아내어 개발하는 것이다. 학습자의 내면 깊은 곳에서 때를 기다리며 숨어 있는 반짝이는 별을 발견하는 것이다.

필자의 경우에도 강의를 하다 보면 광맥에서 막 캐낸 보석처럼 반짝이는 재능을 보인 학습자를 보게 된다. '찾아낸다'는 표현이 더 정확할 것이다. 그때의 그 감격과 감동이란 이루 표현할 수 없다. 가르치는 교육자의 보람이 이런 것이구나 하는 생각이 든다. 교육자와 학습자 간의 교육적 상호작용은 상대적이기 때문에 어떤 교육자 또는 학습자와 만나느냐는 매우 중요하다. 만남은 교육에 선행한다고 하지 않던가!

교육자는 가르쳐야 할 대상인 학습자를 어떻게 보느냐에 따라 그의 리더십 유형도 달라진다.[3] 애덤 스미스는 "사람을 영혼을 가진 지성적 존재로 대하면 모든 것을 잃지 않는다. 반대로 소떼로 취급하면 모든 것을 잃게 된다. 언젠가 그 뿔로 당신을 들이받게 된다"라고 했다. 랠프 에머슨은 "사람들을 신뢰하라. 그러면 그대에게 성심성의를 다할 것이다. 그들을 위대한 사람처럼 대하라. 그리하면 자신들의 위대함을 보여줄 것이다"라고 하였다. 교육자가 학

---

2 장성민 역. 앞의 책. pp. 319−324.

3 Wight. J. B. (2001). *Saving Adam Smith*. 이경식 역(2017). 애담 스미스 구하기. 서울: 북스토리. p. 264.

습자들의 내면에 그들만의 잠재된 능력이 있다고 믿는다면, 교육자의 할 일은 학습자들이 이미 직관적으로 알고 있는 것을 새로이 이해하는 법을 깨달을 수 있도록 도와주는 조력자, 촉진자로서 역할을 할 것이다. 이런 경우 교육자는 학습자에게 학습을 강요할 필요도 없으며, 사실 강요하고 싶은 마음도 먹지 않는다. 학습자의 내면에 힘과 생명이 이미 존재하고 있다는 것을 인정하면 된다.

이처럼 교육자가 학습자에 대해 어떤 관념과 자아상을 가지고 있느냐는 학습자와 상호작용하는 방식에도 큰 영향을 미친다. 교육자는 학습자의 학습에 대한 자발성과 창의성을 억제할 수도 있고, 학습으로 그들이 성장, 발전하여 그들의 삶이 윤택하도록 도와줄 수도 있다.[4] 교육자는 단순한 지식 전달자가 아니다. 교육자는 지식을 가르치고 인류가 남긴 유산을 후대에게 전수하는 것만이 아니라 학습자가 가야 할 길을 안내하고 그 길이 신나고 멋진 학습여행이 되도록 해야 한다. 교육자는 학습자에게 평생에 걸쳐 지속되는 영원한 유산을 창조하는 자이다.

필자는 교육자가 원칙 중심의 리더십에 입각하여 영원한 유산을 창조하는 데 필요한 여섯 가지 신념과 원칙을 제안한다. 앞에서도 교육이란 마치 광맥에서 반짝이는 보석을 캐내듯이, 인간의 내면 깊숙이 잠재된 능력을 밖으로 끄집어내는 것이라고 했는데, 아무나 그렇게 보석을 캐내고 잠재력을 발견할 수는 없을 것이다. 초보 광맥 탐침꾼들은 가치 있는 보석을 식별하고 찾아내기 어렵다. 숙련된 채광 기술이 없다면 오히려 보석에 흠집을 낼 수도 있다.[5] 지금

4 장성민 역. 앞의 책. pp. 319-320.
5 Berardi, A. J. (2001). *Never offer your comb to a bald man*. 이덕열 역(2004).

부터는 영원한 유산의 창조자로서 교육자가 실천할 수 있는 여섯 가지 신념과 원칙에 대해 설명하기로 하자.

서번트 리더의 조건. 서울: 시아출판사. p. 22.

**01** 칭찬과 격려는 차가운 영혼에 따뜻한 기운을 불어넣는다.

지적도 중요하지만 지적 뒤의 격려는 소나기 뒤의 햇빛과도 같다.

-괴테-

격려는 영혼의 산소이다.

-조지 애덤스-

한때 《칭찬은 고래도 춤추게 한다》[6]라는 제목의 책이 출판되어 베스트셀러가 되었지만, 필자도 칭찬을 받고 신나게 춤을 추었던 기억이 있다.

초등학교 5학년 자연 수업 시간이었다. 필자는 5학년까지 글을 읽고 쓰고 셈하는 능력 즉 3R's 능력이 최하위 수준이었다. 학교가 흥미는커녕 심지어 무서운 곳이기까지 했다. 요즘음 용어로는 학습부진아에 부적응아였다. 선생님은 학습부진아들에게 청소를 시키거나 친구들 앞에서 공개적으로 모욕을 주기가 일쑤였다. 학교에 가

---

6 Blanchard, K., et al. (2002). *Whale done*. 조천제 역(2004). 칭찬은 고래도 춤추게 한다. 서울: 21세기북스. (범고래 조련사가 범고래로 하여금 멋진 쇼를 하게 만드는 비결은 상대방에 대한 긍정적인 관심과 칭찬, 그리고 격려에서 비롯된다는 요지의 이야기).

는 것도 두려웠지만 더 마음을 긴장상태로 몰고 가는 것은 수업시간이었다. 혹시나 수업시간에 선생님이 질문할까봐 선생님의 눈을 감히 응시하지도 못했다. 어린 영혼에게 학교는 생지옥과 같은 시간이었다.

학교생활에 아웃사이더였던 필자의 삶의 나침반을 돌려놓는 사건은 우연히 찾아왔다. 자연 시간에 물고기에 대한 수업을 할 때였다. 선생님이 반 아이들에게 물고기의 특성과 부위에 대해 질문을 하였다. 60여 명의 반 아이들이 선생님이 원했던 대답을 못했나 보다. 사실 필자는 다른 것은 잘 해내지 못해도 물고기 잡는 솜씨 하나는 좋았다. 여름이면 시냇물에서 종일 자맥질을 하고 물고기 사냥을 하며 익힌 실력이었다. 시간이 좀 지난 후 선생님은 필자에게도 질문을 했다. 내 얼굴은 홍당무가 되었고 심장은 빠르게 뛰기 시작했다. 나는 모기 소리보다 작은 목소리로 얼버무리듯이 대답했다. 선생님이 원했던 답은 물고기의 부레에 대한 설명이었다.

선생님으로부터 처음으로 칭찬이란 것을 들어보았다. 그 시간 이후로 과거의 내가 아니었다. 선생님이 필자에게 물려주신 유산은 자신감과 용기를 가지고 도전하면 해낼 수 있다는 믿음이었다. 선생님의 칭찬이란 얼음처럼 차갑게 얼어 두려움에 떨고 있는 한 영혼에 따뜻한 기운을 불어넣고 잠재된 역량을 끄집어내는 둘도 없는 성장의 자양분이란 것도 알았다. 헬렌 켈러에게 설리반 선생님이 있었고, 필자에게는 5학년 담임 선생님이 있었다고 하면 주제넘은 표현이 될까?

5학년 담임 선생님은 필자에게 위대한 유산을 남겨준 스승이었다. 그런 기회가 필자에게도 찾아왔던 것에 항상 감사하게 생각한다. 어렸을 적 선생님이 필자에게 남겨준 정신적 유산을 결코 잊지 못할 것이다. 학교생활 전 과정을 통틀어 과장하면 생애사적으로 가장 큰 영향을 받은 사건 가운데 하나였다.

필자는 주위 사람들로부터 남에게 칭찬을 잘한다는 이야기를 곧잘 듣는다. 칭찬 기계라는 비꼬는 투의 소리까지 들린다. 매슬로우가 말한 <효능의 환상> 때문인가? 필자의 입장에서는 타인에게 해주는 한마디 한마디가 진심에서 우러나온 말이다. 삶이 긍정적으로 보이고 상대방의 단점보다는 장점이 더 크게 보여 그것을 말해주고 싶은데 어쩌란 말인가?

라 퐁텐의 재미있는 우화가 있다. "두 개의 가방을 앞뒤로 걸쳐 메고 다니는 사람이 있었다. 앞쪽에는 자신의 장점과 타인의 단점이 든 가방을 메고 있고, 뒤쪽에는 자신의 단점과 타인의 장점이 든 가방을 메고 있었다. 그래서 사람은 자신의 장점은 잘 보이지만, 타인의 장점은 잘 보이지 않는다." 자신의 장점은 잘 보이는 반면, 단점은 잘 보이지 않는다. 타인의 단점은 잘 보이지만 장점은 잘 보이지 않는다. 가방을 앞뒤로 바꿔 메면 어떨까 싶다. 스키너의 비유대로라면, 필자에게 칭찬은 <미신적 댄스>를 추게 하는 강화작인이다. 칭찬을 어떻게 하면 될까? 전문가들은 TRUE 방식을 권장한다. TRUE는 Timely, Responsive, Unconditional, Enthusiastic의 두문자다. 칭찬을 할 때는 진심으로 칭찬하고 격려해야 하지만 TRUE 방식으로 하면 훨씬 효과적이다. 시점을 맞춰, 민감하게 반응하면서, 무조건적으로, 그리고 열성적으로…[7]

---

7 Blanchard, K., & Bowls, S. (2003). *Gung ho.* 조천제 외 역(2004), 경호. 서울: 21세기북스. p. 163.

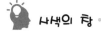
**사색의 창** · · · · · · · · · · · · · · · · · · · · · · · · · · ·

'교사는 백지에 학생의 미래를 그려넣는다.'

감수성이 예민한 학생에게 선생의 칭찬 한마디는 그의 삶의 좌표를 바꿔놓는다.

영국의 정치사상가로 계몽철학과 경험철학의 비조로 꼽히는 존 로크는 인간 백지설을 주장하면서, 인간은 태어나면서 마치 백지와 같아 그 위에 그 어떤 것도 그릴 수 있다고 했다.

어느 날 백발의 선생님 앞으로 정성이 가득 담긴 초청장이 배달되었다. 초청인은 이제 외국에서 그림 공부를 마치고 돌아와 장안에 화제가 된 화가였다. 초청의 글에는 『선생님께, 초등학교 3학년 미술시간에 선생님이 저의 그림을 보시고 "너는 장차 피카소 못지않은 훌륭한 화가가 될 것이다"라고 칭찬을 해주신 적이 있습니다. 저는 선생님의 칭찬과 격려에 장차 화가가 되기로 결심하고 그림공부에 정진하였습니다. 선생님을 모시고 귀국전시회를 갖고자 합니다.』

오래전 선생님은 제자의 백지와 같은 하얀 가슴에 화가의 모습을 그려 놓았다. 선생은 학생의 내면에 있는 창의성과 잠재력을 밖으로 이끌어 내주는 영원한 유산의 창조자이다.

· · · · · · · · · · · · · · · · · · · · · · · · · · · · · · · · · ·

## 02 기대감과 희망은 특별한 성취로 이어진다.

> 당신의 야망을 깔보는 사람을 멀리하라.
> 하찮은 사람은 항상 남을 깔본다.
> 하지만 정말 위대한 사람은 남들도 똑같이
> 위대해질 수 있다는 희망을 심어준다.
> -마크 트웨인-

　교육을 백년지대계라고 한다. 삼십 년을 한 세대로 보면 세 번의 세대가 지나고도 십 년이 남는다. 교육이 달성할 목표를 백년이라는 긴 기간으로 설정한 데에는 교육의 효과는 바로 나타나는 것이 아니라는 의미일 것이다. 교육의 개인적, 사회적 책임을 강조한 것이다. 교육자 자신이 학습자의 모든 것을 파악하기에는 자연인 교육자의 삶 자체가 너무 짧다. 성질 급한 사람은 식물이 얼마나 자랐는가를 확인하기 위해 뿌리째 뽑아보고 다시 심을 수 있겠지만 사람에겐 그렇게 할 수 없지 않은가?

　교육자가 교육적인 활동을 통해 그 결과를 당장 기대하는 것은 어리석은 생각이다. 마치 씨만 뿌리고 잡초제거나 영양분을 주지도 않으면서 열매를 기대하는 것과 마찬가지이다. 교육자는 학습자에게 잠재되어 있는 잠재성과 가능성, 그리고 그만이 지닌 독창성을 찾아내려는 뜨거운 열정과 바위와 같은 인내심을 지닌 탐구자의 자세로 돌아가야 한다.

인간의 본성으로 볼 때 아무리 현재의 삶이 고단하고 힘들어도 미래의 희망과 기대감이 있으면 잘 극복해 낼 수 있다. 삶에 의미를 부여하면 살맛나고 가치가 있다. 오스트리아 빈대학 신경정신과 교수로 있다 나치의 죽음의 수용소에서 3년 동안 수감 생활을 했던 빅토르 프랭클이 실증적으로 말해준다.[8] 그는 수용소를 벗어나면 해야 할 일이 있었기 때문에 어떤 상황에서도 좌절하지 않고 삶의 희망을 가졌다. 삶에 의미를 부여하였다. 그가 살아났던 이유이다. 종전 후 실존분석적 정신요법인 로고테라피를 창안하였다.

교육자 역시 학습자에 대한 기대감과 희망의 끈을 놓지 않아야 한다. 학습자가 교육자의 기대치를 만족시키지 못해도 교육자는 학습자에 대한 희망과 기대라는 끈을 놓지 말아야 한다. 교육자가 좋은 태도에 공부까지 잘하는 학습자를 지도하는 것은 쉬운 일이다. 교육자의 역할은 기대에 못 미치는 학습자와 상호작용하면서 그의 내면의 역량을 최고치로 끄집어내는 것이다. 교육자가 학습자에 대해 어떤 신념체계를 갖고 있느냐에 따라 학습자에게 미치는 영향은 판이하게 다르다. 다음의 예화를 보자.

---

8 Frankl, V. E. (1946). *Man's search for meaning.* 이희재 역(2003). 삶의 의미를 찾아서. 서울: 아이서브.

어느 학교의 교장이 세 명의 교사를 불러 놓고 다음과 같이 말했다. "세 분 선생님은 이 지역에서 가장 훌륭한 교육자이며 가장 훌륭한 교육 전문가이십니다. 그래서 세 분께 IQ가 높은 우수한 학생 90명을 맡기려고 합니다. 내년 한 해 동안 학생들의 성적 향상에 따라 재량껏 가르칠 수 있는 권한을 드리겠습니다. 아이들이 일년 동안 얼마나 많은 것을 배울 수 있는지 한번 살펴봅시다."

교사들과 학생들 모두 이 일을 기쁘게 받아들였다. 이듬해 교사들과 학생들은 모두 자신들의 가르침과 학업을 즐겼다. 교사들은 가장 명석한 학생들을 가르치고 있었다. 학생들은 매우 숙련된 교사들의 친밀한 보살핌과 지도로 많은 가르침을 받았다. 그 실험이 끝날 무렵 결과를 살펴보았더니 학생들은 같은 지역의 다른 학생들에 비해 20~30% 이상의 진보를 보였다.

교장 선생님은 교사들을 다시 불러 놓고 다음과 같이 말했다. "여러분께 한 가지 고백할 것이 있습니다. 선생님들은 두뇌가 명석한 학생들 90명을 가르쳤던 것이 아닙니다. 그들은 매우 평범한 학생들이었습니다. 이 지역 학생들 가운데 임의로 90명을 선발해서 맡긴 것이었죠."

그러자 교사들이 말했다.

"그러면 우리가 정말 우수한 교사들이라는 말이군요."

교장은 계속해서 말했다.

"또 한 가지 고백하겠습니다. 당신들은 특별히 뛰어난 교사들이 아닙니다. 제비뽑기를 해서 뽑힌 것뿐이지요."

교사들이 질문했다.

"그렇다면 어떻게 이런 차이가 생겼단 말입니까? 어떻게 90명의 학생들이 한 해 동안 그렇게 뛰어난 학업 성과를 거둘 수 있었습니까?"9

교육자의 학습자에 대한 기대감과 희망이 이런 차이를 만들었다. 학습자에 대한 교육자의 기대감은 교육자가 학습자를 대하는 태도에 결정적인 요인이 된다. 교실에서도 교육자가 학습자에게 기대와 희망을 갖고 대하는 태도와 그렇지 않고 대하는 태도는 전혀 다르다. 전자의 경우 교육자는 적극적인 자세로 기대치를 달성하려고 학습자를 격려하고 용기를 북돋아 줄 것이다. 후자의 경우 교육자는 의욕도 열정도 없이 주어진 시간만 보내고 말 것이다.

태도의 중요성을 알 수 있는 설문조사 결과가 있다. 미국 100대 기업의 부회장과 인사담당자들에게 종업원을 해고하는 가장 큰 이유를 물었을 때, 다음과 같은 반응이 나왔다. 무능력(30%), 동료와 협력하지 못함(17%), 부정직 또는 거짓말(12%), 부정적인 태도(10%), 의욕 부족(7%), 지시사항들에 대한 불이행 또는 거부(7%), 기타(8%) 순이었다. 태도를 문제 삼아 종업원을 해고한다는 반응이 다섯 가지 항목에 가장 많은 분포를 나타냈다.10

미국 기업 가운데 그 전형절차가 복잡하고 까다롭기로 유명한 사우스웨스트 항공사의 CEO 허브 켈러허는 신규인력을 채용할 때, 조종사나 정비사와 같이 특수한 업무를 제외하고는 그 사

---

람이 가진 현재의 능력만을 보지 않는다고 한다. "우리는 지원자의 태도를 가장 중요하게 생각한다. 만약 태도가 문제가 있다면, 아무리 능력이 있어도 우리 회사에 들어올 수가 없다. 업무 능력은 교육을 통하여 얼마든지 개선할 수 있다. 그러나 성격은 그렇지 못한다"라고 하면서 태도와 성격을 강조한다. 업무는 입사한 다음에 얼마든지 배울 수 있다고 생각하기 때문에 입사 과정에서는 지원자의 태도를 가장 우선시 한다.[11]

 **사색의 장** • • • • • • • • • • • • • • • • • • • • • • • •

'포기의 결과'

미국의 한 지방 신문에 한여름에 가동되지도 않은 냉장차 안에 갇혀 "얼어서 죽는다"는 유서를 남긴 사망 사건이 보도되어 화제가 된 적이 있었다. 사건의 주인공인 철도 역무원 닉 시즈맨이라는 남자는 매우 건강한 사람이었다.

어느 여름날, 동료의 생일이라 모두 한 시간 일찍 퇴근하게 되었다. 그런데 그는 그 사실을 깜빡 잊고 평상시처럼 냉장차에서 일을 했고, 동료들은 그 사실을 모른 채 냉장차를 잠그고 퇴근해 버렸다. 뒤늦게 자신이 갇힌 것을 알게 된 닉은 안에서 문을 두드리고 소리를 치며 발버둥을 쳤으나 주위에는 아무 없었다.

그렇게 고통의 몇 시간이 지난 후 그는 냉장차의 나무 바닥에 칼로 이렇게 썼다. "너무 추워 온몸이 마비되는 것 같다. 차라리 이대로 잠들어 버렸으면 좋겠다. 아마도 이것이 나의 마지막 말이 될 것이다."

---

11 O'Reilly, C., & Pfeffer, J. (1999). *Hidden value*. 김병두 역(2004). 숨겨진 힘. 서울: 김영사. p. 86.

다음날 아침 평소처럼 그의 동료들은 작업을 하기 위해 냉장차의 문을 열었다. 닉은 얼어 죽어 있었다. 그런데 이상한 일이었다. 닉이 갇혀 있던 날 밤 냉장차는 작동하지 않고 있었으며 차량 속의 온도계는 화씨 55도를 가리키고 있었다. 섭씨 영상 13도에서 닉은 얼어 죽은 것이다.

"얼어 죽는다"는 그가 남긴 마지막 말에도 불구하고 수사 결과 그의 시체는 얼어서 죽은 것이 아니라는 사실이 밝혀졌다. 그렇다면 그는 왜 죽었을까? 닉은 추위로 얼어 죽은 것이 아니라 냉장차 안에서 얼어 죽을 것이라는 절망적인 공포와 포기가 그를 얼어 죽게 만든 것이다.[12]

· · · · · · · · · · · · · · · · · · · · · · · · · · · · · · · · · · · · · · · ·

12 이민규. (2014). 네 꿈과 행복은 10대에 결정된다. 서울: 더난출판. p. 142.

**03** 시련과 실패는 성공에 이르는 다른 이름이다.

실패란, 더 지혜롭게, 다시 시작할 기회이다.
-헨리 포드-

우리가 가장 두려워해야 할 것은 바로 두려움 그 자체이다.
-프랭클린 D. 루즈벨트-

교육자는 자신의 시행착오부터 인정하는 열린 자세가 필요하다. 교육은 시행착오를 인정하는 자세와 인내심을 요구하고 있다. 인간은 누구나 실수를 할 수 있지만 실수 후의 자세가 훨씬 중요하다. 실수는 성공을 위한 디딤돌이며 보약이다. 실수를 바로 잡는 것도 중요하지만, 그 실수를 통해 성장할 수 있도록 조건과 환경을 조성하는 것은 더 중요하다. 실수와 실패는 기회의 다른 이름이다. 실수가 어떤 개인에게는 귀중한 보약이 될 수 있다. 실수해 보지 않는 사람은 실수할까 두려워 아무것도 못할 수 있다.

지금 되돌아보면 필자가 초등학교 시절 학교에 적응하지 못했던 결정적인 원인도 실패할 용기가 없었던 것이 아닌가 하는 생각이 든다. 시도하다 실패하면 혼날 것이 두려워 아예 시도조차 하지 못했다. 실패할 것이 두려워 도전하지 못하면 어떤 일도 할 수 없다. 얼마 전까지만 해도 우리나라 교육체계와 방식은 한 가지만을 바라보았다. 성공한 학습자인가? 실패한 학습자인가? 위험천만한 이분법의 교육철학으로 학습자를 성공한 학습자와 실패한 학습자로 구분한다. 솔직히 우리나라 교육자들은 학습자의 개성과 그가 처한 환경까지 배려하고 인내할 여유가 없다. 교육자는 학습자에게 교육기관에서 일정 기간 머물렀다는 증명서를 발급하여 사회에 대량으로 배출시키기에도 분주하다. 교육기관은 학위증명서라는 제품을 찍어내는 대량생산을 위한 컨베이어 벨트와 같이 작동했다.

교육기관에는 미완의 인격체들이 학습을 하는 곳이다. 교육기관은 마땅히 실패에 관대하고 실패에서 배울 수 있는 환경을 마련해 주어야 한다. 학습과 배움의 과정이 유비쿼터스적으로 일어나는 평생학습사회가 아니던가? 평생학습이란 인간의 불완전과 불충분함을 전제로 한다. 그래서 배우고 또 배워야 한다는 것이다.

평생학습자는 언제 어디에서든 배울 준비가 되어 있어야 하지만, 교육기관에서도 학습자가 배움으로 즐거움을 느낄 수 있도록 교육적 배려를 해야 한다. 평생학습체제에서 실패는 성공의 어머니이면서 동시에 창조의 발판이다. 실패에서 아무것도 배우지 못하였을 때야말로 진짜 실패라고 할 수 있다. 7, 80대 할아버지, 할머니가 글을 배우는 학교에 가보면 실감이 날 것이다. 주름살로 덮인 손으로 연필을 잡고 가, 나, 다를 익히고 또 익힌다. 평생학습자에게 담대한 용기가 필요한 이유다.

사람은 일을 하면서 실수를 하게 마련이다. 그래서 실수를 용납하지 않는 전쟁에서조차 한 번의 실수(실패)는 병가상사라고 하지 않던가. 사람들은 실수할 것을 두려워하여 일을 시도하는 것을 주저하고 포기하기도 한다. 미국 역사상 전무후무하게 4선의 대통령직을 수행한 프랭클린 루즈벨트의 삶은 강렬한 메시지를 전해 준다. 그는 두려움을 지성적, 생산적 행동을 불가능하게 하며 모든 것을 가리는 안개와 같은 것으로 인식하였다. 39세라는 젊은 나이에 소아마비로 목숨을 잃을 뻔하고 결국에는 다리가 마비된 루즈벨트의 삶 자체는 시련과 고통의 연속이었지만 그의 앞을 가로막은 안개를 훌륭하게 거둬내고 세계적인 지도자가 되었다. 그의 첫 번째 대통령 취임사는 당시 미국이 처한 환경과 자신이 극복한 삶의 역경을 적절하게 비유한 명연설이다.

"이 위대한 국가는 지금까지 그랬던 것처럼 잘 견뎌낼 것이며, 다시 살아나 번성할 것입니다. 그러므로 나는 무엇보다 나의 확고한 믿음을 단언하고자 합니다. 우리가 가장 두려워해야 할 것은 바로 두려움 자체입니다. 막연하고 이유도 없고 정당하지 않은 두려움이야말로, 후퇴를 전진으로 바꾸기 위한 노력을 마비시키는 것입니다."[13]

《노인과 바다》로 잘 알려진 어니스트 헤밍웨이는 하루 6시간 작품활동을 했는데, 아침에 10분 동안 500단어를 쓰고 5시간 50분은 단어와 문장을 쓰고 지우기를 반복했다.[14] 그는 초고를 쓰레기나 걸레로 비유할 정도였다. 그만큼 불완전하고 엉성하니 끝없이 고치

13 Axelrod, A. (2003). *Nothing to fear*. 나선숙 역(2004). 두려움은 없다 : 불굴의 CEO 루즈벨트. 서울: 한스 미디어. pp. 252−253.
14 백영옥. (2021년 3월 27일). 헤밍웨이와 정주영의 시간. *조선일보*, https://www.chosun.com/opinion/specialist_column/2021/03/27/I22NA7ISXJA DHPZM5WLEDNA4ZE/에서 2021년 3월 31일 인출.

고 또 고쳐야 한다는 주의였다. 그렇게 쓰고 고치고 해서 세상에 나온 책이 《노인과 바다》다. 이 문학작품은 그에게 퓰리처상과 노벨문학상의 영예를 안겨주었다. 《노인과 바다》의 글 중에 필자의 뇌리에 강하게 남아 있는 문장이 있다. "인간은 파괴될 수는 있어도 패배할 수는 없다(A man can be destroyed but not defeated)."15 파괴와 패배는 엄연히 다르다. 건축물과 같은 인간의 물질문명은 파괴되었다고 하지만 패배하였다고 하지 않는다. 패배는 인간의 의지와 신념을 나타내는 정신적 영역과 관련된다. 노인은 인간의 한계를 뛰어넘는 고기와의 사투에서 정신적으로 지거나 굴복할 수 없다는 불굴의 강인한 신념을 드러낸다. 이 작품이 독자에게 주는 깊은 인상일 것이다. 불후의 명작이란 하룻밤 사이에 뚝딱 만들어지는 것이 아니다. 《무기여, 잘 있거라》도 서른아홉 번 고쳐 썼다고 한다. 실패를 밥먹듯이 했다.

토마스 에디슨은 전구를 발명하기까지 2천 번에 이르는 실험을 했다. 건전지를 발명하기 위해서는 무려 2만 5천 번의 실패를 경험하면서 결국 성공하였다. 전구와 건전지를 발명하기까지 두 가지의 공통점은 한 번을 제외하곤 나머지는 모두 실패했다는 것이다. 교육기관에서 실패를 어떻게 받아들이느냐를 가르쳐야 한다. 에디슨도 "천재는 99%의 노력과 단 1%의 영감이다"라고 하지 않았던가? 성공학 못지않게 실패학이 필요하다. 성공과 실패는 종이 한장 차이에 불과하다. 바둑은 시합이 종료된 후에 기계의 도움을 받지 않고 사람에 의해 복기가 가능한 유일한 스포츠일 것이다. 기사

---

15 소수만. (2006). 어니스트 헤밍웨이: 그의 인생과 작품세계. 서울: 동인. pp. 185-195

들이 종국 후에 복기를 하는 것은 실수와 착오를 되풀이하지 않고 최적의 수를 찾아내기 위해 필요한 중요한 과정이다. 현재의 시행착오는 미래의 더 효과적인 학습을 위한 쓴 약이다. 기업가 정주영 회장의 "이봐, 해보기나 했어?"라는 어록은 실패학의 효시다.

요즘 실패학을 개설하고 있는 대학과 대학원(특히 경영대학원 MBA 과정)이 늘어나고 있다. 졸업생이 사회에 본격적으로 진출하기 전에 실패와 좌절을 미리 경험하게 하여 실패에 대한 내구성을 키우겠다는 것이다. 일례로 하바드, 스탠퍼드 경영대학원에서는 사례 연습이나 롤 플레이 또는 졸업생 중 실패한 동문들의 실화를 통해 실패를 의사 체험하는 수업을 한다. 교육기관의 인재상은 실패로부터 배울 수 있는 사람, 그리고 실패해도 다시 일어나 도전할 수 있는 사람으로 바뀌고 있다.[16] 이 세상에 실패하지 않은 사람이 어디 있겠는가? 만약 있다면 그는 그 실패를 인정할 줄 모르는 사람일 것이다. 호모 사피엔스의 위대성이란 겸허하게 실패를 인정하고 실패의 원인을 냉정하게 분석하고 다시 도전해나가는 것이 아닐까 싶다.

설리반 선생님이 헬렌 켈러에게 항상 되풀이하여 한 말을 깊이 새겨보자. "시작하고 실패하는 것을 계속하라. 실패할 때마다 무엇인가 성취할 것이다. 네가 원하는 것은 성취하지 못할지라도 무엇인가 가치 있는 것을 얻게 되리라. 시작하는 것과 실패하는 것을 계속하라." 헬렌 켈러 역시 스승이 남겨준 영원한 유산을 잊지 않았다. 헬렌 켈러는 스승이 남겨준 유산을 더욱 값진 자기만의 것으로 승화시켰다. 다음은 헬렌 켈러가 한 말이다. "시련과 고통의 경

---

16 Sato, C. (2014). Sekai no eri-to sippairyoku. 김정환 역(2014). 세계 최고의 인재들은 실패에서 무엇을 배울까. 파주: 21세기 북스. pp. 23-70.

험을 통해서만 영혼은 강해지고, 야망은 고취되며, 성공은 성취될 수 있다." 그 스승에 그 제자이다.

**04** 변화를 받아들이고 미리 준비하게 한다.

> 행운이란 기회가 준비를 만났을 때 일어나는 것이다.
> 썰물이 가장 낮아졌을 때, 그때가 바로 조수가 변하는 때이다.
> -롱펠로우-

> 지난 2세기 동안 변화의 속도는 너무나 빨랐고, 그런 나머지 사회질서는
> 동적이고 가변적이라는 속성을 지니게 되었다.
> 이제 그것은 끊임없이 변화하는 상태로 존재한다.
> -유발 하라리-

　스펜서 존슨의 《누가 내 치즈를 옮겼을까?》[17]는 변화라는 무거운 주제를 쉽고 재미있게 소개한 우화다. 책 내용 가운데 키워드에 해당하는 치즈는 직업, 인간관계, 건강, 명예 등 사람이라면 가지고 싶고 누리고 싶은 욕구를 상징한다. 책 속의 주인공들이 갑자기 사라져 버린 치즈를 놓고 반응하는 방식을 보면 마치 조직 구성원의 면면을 보는 듯하다. 여기서 사라진 치즈는 곧 변화된 환경이다. 실제 조직에서 변화를 도입할 때 조직 구성원의 반응은 각양각색이다. 변화를 곧바로 수용하고 새로운 환경을 개척하기 위해 나서는

---

17 Johnson, S. (1998). *Who moved my cheese?*. 이영진 역(2001). 누가 내 치즈를 옮겼을까?. 서울: 진명출판사.

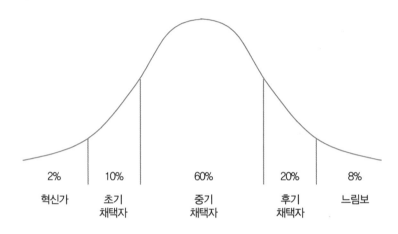

**그림 6-1** 변화수용자의 유형

| 2% | 10% | 60% | 20% | 8% |
|---|---|---|---|---|
| 혁신가 | 초기<br>채택자 | 중기<br>채택자 | 후기<br>채택자 | 느림보 |

적극적 변화수용자가 있는가 하면, 중간에서 이리저리 눈치를 보며 관망하는 부류도 있다. 또 아예 변화 자체를 거부하고 무사안일하게 버티는 부류도 있다.

리더의 중요한 역할 가운데 하나는 조직의 구성원들이 변화를 받아들이도록 하는 것이다(제1장 리더십의 정의에서도 "리더십이란, 종업원이 변화를 받아들이는 과정의 줄타기에서 떨어지지 않도록 균형을 잡아주는 것이다"라고 한 것을 기억할 것이다). 모든 구성원들이 리더가 기대한 대로 변화를 수용하지는 않는다. 조직에 변화가 도입되었을 때에 조직 구성원이 나타내는 변화수용에 대한 반응을 연구한 결과에 따르면 [그림 6-1]과 같이 다섯 가지의 범주로 나눌 수 있다.[18]

그림에서 보는 것처럼, 변화수용자 중 2%는 모험을 두려워하

18 강준민 역. 앞의 책. p. 124 ; Rogers, E. M. (1983). *Diffusion of innovations* (3rd. ed.). New York, NY: The Free Press. pp. 245－251.

지 않고 변화를 적극 수용하는 <혁신가>(innovator)이다. 이들은 대담하고 위험한 모험을 하면서 새로운 아이디어를 조직체제에 도입한다. 조직에 변화를 보급, 확산하는 선구자들이다. 혁신가를 미술사의 아방가르드에 비유할 수도 있을 것이다. 기존 예술의 규범이나 형식의 경계를 허물고 새로운 혁신에 도전한 아방가르디스트 말이다. 그들은 실험적, 혁신적 도전으로 새로운 예술 장르와 세계를 개척한다. 인류 문화의 고도화는 혁신이라는 거인의 어깨에 올라섰을 때 가능하다.

<초기 채택자>(early adaptor)에 해당하는 10%는 외부 환경의 변화에 조직이 뒤처지지 않게 할 의지가 있으며 적극적으로 변화를 수용한다. 초기 채택자들은 변화를 수용할 것인가 말 것인가를 관망하는 조직의 다른 구성원들에게 변화에 따른 불확실성을 완화시키는 역할을 한다. 이들도 변화 앞에 주저하지 않고 용기 있는 선택과 행동을 하는 집단이다.

정상분포곡선의 중간 영역을 차지하는 <중기 채택자>(early majority) 60%는 가장 많은 분포를 차지한다. 이들은 이것저것 따져보고 변화를 수용하는 신중형에 속하는데 '새로운 아이디어를 제일 먼저 도입하지는 않지만, 그렇다고 꼴찌로 쳐지고 싶지도 않다'라는 신념을 가지고 있다. 혁신가와 초기 채택자들에 의해 불확실성이 완전히 제거된 상태에서 변화를 수용하는 안전지향형이라고 할 수 있다.

<후기 채택자>(late majority)에 해당하는 20%는 새로운 아이디어의 유용성과 안전을 확인하고 동료들의 압력에 못 이겨 변화를 수용한다.

<느림보형>(laggards)에 속하는 8%는 변화 자체를 아예 기피하거나 거부하는 회피형이다. 변화를 촉진하고 수용하면서 조직체계를 선도하려는 리더의 입장에서 보면 이들 변화기피자들은 리더의 역량을 시험에 빠지게 하는 대상이기도 하다. 이들은 현상유지와 과거에 관심을 둔다. 느림보형에 속하는 구성원들이 어렵게 변화를 수용하려고 마음의 결단을 내렸을 때는 조직에서 이미 다른 변화를 수용하도록 요구하는 시점이 된다.

다섯 가지 변화수용자의 유형은 리더가 조직에 변화의 씨앗을 퍼뜨려 싹을 틔우고 열매를 맺기까지 얼마나 많은 시간과 노력이 필요한 것인가를 단적으로 보여준다. 자, 이제 변화라는 이름의 버스가 출발하려고 한다. 초기와 중기에 변화를 수용한 72%와 늦었지만 결국 변화를 수용한 20%까지는 버스에 올라탔지만, 8%는 버

**그림 6-2** 행동변화에 따른 소요시간과 난이도

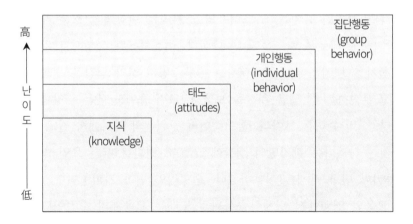

출처: Morrish, I. (1976). Aspects of educational change. London, UK: George Allen & Unwin Ltd.. p. 34.

스를 놓쳤거나 타지 않았다. 어떻게 할 것인가? 리더의 입장에서 변화기피형의 이들을 어떻게 할 것인지에 대한 숙고가 필요하다. 어떻게 보면 리더의 역량은 변화를 기피하는 8%를 어떻게 다루는가에서 판가름 난다고 할 것이다. 리더는 아무나 할 수 있는 것이 아니다.

리더십이란 영향력을 행사하는 것이고 행동의 변화를 이끌어내는 것이다. 우리는 사람이 아는 것과 행동으로 실천에 옮기는 것은 서로 다른 차원임을 알고 있다. [그림 6-2]에서 보는 것처럼 지식을 통해 태도의 변화를 거쳐 행동의 변화까지 도달하는 데는 시간도 오래 걸릴 뿐 아니라 어려운 일이기도 하다. 그래서 리더는 조직 구성원들의 행동에 영향을 미쳐 조직의 변화를 이끌어내야 하는데, 그 역할을 아무나 할 수 있는 것은 아니다.

존슨의《누가 내 치즈를 옮겼을까?》에 등장하는 생쥐 2마리(스니프와 스커리)와 2명의 꼬마 인간(헴과 허)의 경우를 변화수용자의 유형에 대비시키면 흥미롭다. 스니프와 스커리는 변화의 신호를 재빨리 감지하고 새로운 치즈를 찾아 나섰다. 변화수용자 유형으로 치면 <혁신가> 내지는 <초기채택자>이다. 2명의 꼬마 인간은 변화를 탓하고 분석하는 데 많은 시간을 보냈다. 그런 중에도 헴은 관망형에 속한다. 그러나 허를 보아라. 굶어죽더라도 원래의 자리에서 털고 일어나지 못하겠다는 자기만의 생각에 갇혔다. 변화를 다른 요인 탓으로 돌리며 변화 자체를 거부하였다. 전형적인 변화 기피형이다.

교육의 영역에서 평생학습사회의 도래는 교육계의 도전이면서 기회다. 형식교육을 대표하는 제도권의 학교시스템이 평생교육체제로 이행됨에 따라 교육의 방식, 목적, 체계가 과거와는 현격하게 달라질 수밖에 없다. 이 거대한 환경의 변화를 받아들이는 수용자들의 태도 또한 위의 연구결과와 마찬가지로 다양하게 나타날 것이다. 새로운 변화에 직면하여 교육 리더십을 강조하는 이유이다. 교육자가 학습자에게 변화를 어떻게 소개하고 어떤 태도를 견지하느냐에 따라 학습자 역시 많은 영향을 받기 때문이다. 세상은 인간의 의지와 무관하게 계속 바뀐다. 변화에 대응하는 유일한 방법은 변화에 맞춰 우리 스스로가 함께 변하는 것이 아닐까 싶다.

종교학 전공자인 배철현은 《심연》에서 교육에 대해 정의를 내리고 있다. "교육이란 편안한 세계가 결국 자신을 질식시키는 '알'이라는 사실을 깨닫도록 유도하는 자극이다. … 교육의 핵심은 자신이 알고 있는 세계가 편협하다는 것을 깨닫고 그것으로부터 탈출해 다른 여러 세계를 경험하는 것이다."[19] 종교학자의 깊은 공명과 울림을 주는 교육에 대한 인문학적 정의다. 누구나 변화의 기로에서 현재의 안락하고 익숙한 환경에 안주하고 변화를 거부하려는 마음이 있기 마련이다. 그러나 그 편안함과 안락함을 느끼는 알 속에 머무는 것은 곧 자신과 조직을 질식시키는 것이다. 질식하지 않으려면 알을 깨고 밖으로 나와야 한다. 헤르만 헤세의 "알은 세계이다. 태어나려는 자는 하나의 세계를 깨뜨려야 한다"라는 말과 상통한다. 교육자는 학습자에게 현재 상태에 머물러 있으면 질식할 수밖에 없고 점점 편협해지고 만다는 것을 깨닫도록 적절한 자극을 주어야 한다.

---

19 배철현. 앞의 책. p. 248.

**사색의 장**

### '변화 vs 기득권'

사람들은 변화를 싫어한다. 어떠한 종류이든 변화는 두려움과 분노, 그리고 불확실성과의 투쟁이며, 낡은 습관, 편협한 사고, 그리고 기득권과의 싸움이다. 어떠한 기업도 사람들의 심장과 마음을 바꾸는 것보다 빨리 변화할 수 없다. 그리고 가장 빨리 효과적으로 변화하는 사람들이야말로 최상의 사람들이다.

낡은 온정주의적 업무처리 방식이 새로운 현실과 충돌할 때, 회사 내에 강렬한 반감이 일어날 수 있다. 많은 사람들은 변화가 더 좋은 것이라고 믿지 않는다. 그들은 새로운 것은 개선보다는 혼돈을 가져온다고 생각한다. 기존의 조직문화를 탈피하고, 종업원들로 하여금 새로운 업무를 받아들이도록 하는 것은 매우 힘든 과업이다. 수년 동안 똑같은 작업을 성공적으로 수행해 온 종업원들이 과거에 집착하는 것은 당연하다.

## 05 교육자의 지식권위는 디폴트 값이다.

> 지식에는 두 가지 종류가 있다. 하나는 우리가 어떤 주제에 대해 직접
> 아는 것이고, 다른 하나는 지식과 정보가 있는 곳을 알고 있는 것이다.
> -섀무얼 존슨-

> 인간의 됨됨이는 그가 가진 지식에 있는 것이 아니라
> 지식을 갖기 위해 노력하는 데에 있다.
> -레싱-

필자는 교육자의 지식권위를 컴퓨터의 디폴트 값(default value)으로 비유한다. 경제에서 디폴트는 일반적으로 공사채나 은행융자 등에 대해서 원리금의 지불채무가 이행될 수 없는 상태, 즉 채무불이행을 말한다. 컴퓨터 기술분야에서 디폴트란 어떤 값이나 설정치 등이 프로그램 사용자에 의해 지정되지 않았을 때, 컴퓨터 프로그램은 미리 정해져 있는 값이나 설정치 등을 사용하게 되는데, 이를 디폴트라고 한다.[20] 쉽게 말하면 초기 설정된 값이다. 여기에서 디폴트란 컴퓨터에서 사용하는 용어이다.

2장에서 소개한 토마스 고든의 권위유형을 상기해보자. 권위에

---

20 네이버 지식백과, New 경제용어사전.

는 지식권위, 권력권위, 직책권위로 구분할 수 있는데, 교육자는 기본적으로 지식권위가 있어야 한다고 강조했다. 이때 지식이이란 상식이나 교양 등 누구나 쉽게 습득할 수 있고 이해가 가능한 일반적인 지식이 아니고, 지식을 분석, 판단, 통합, 전달할 수 있는 종합적인 능력이라는 점도 상기할 필요가 있다. 교사의 지식권위의 성격과 정도는 지식기반사회 이전과 이후로 달라질 수밖에 없다는 것을 강조할 필요가 없는 것이다.

지식기반사회와 평생학습사회에서 교육자는 배워야 할 것은 많고 가르치는 것은 더 어려운 환경에 놓여 있다. 교육자 또한 자기주도성으로 무장한 평생학습자가 되어야 한다. 교육자 자신도 끊임없이 삭비(數飛)의 날갯짓을 지속적으로 하지 않으면 안 된다. 요즘 학습자는 웬만한 지식과 정보는 검색사이트에서 습득, 활용한다. 분야에 따라서는 가르치는 교육자보다 배우는 학습자의 지식과 기술이 더 앞선다. 학습자가 교육자의 가르침을 그저 받아들이는 시대는 지났다. 학습자는 교육자가 가르치는 지식과 정보를 모니터링하면서 비판적으로 수용한다. 교육자가 호학하는 마음으로 배우고 또 배우지 않으면 학습자 앞에 서는 것이 두려울 것이다. 전통적으로 교육자가 누려왔던 지식권위가 거센 도전을 받고 있다.

여기서 삭비(數飛)에 대해 좀 더 알아보자. 삭비는 여조삭비(如鳥數飛)에서 비롯되었다. 새가 하늘을 날기 위해 자주 날갯짓을 하는 것과 같이 사람도 배우기를 쉬지 않고 끊임없이 익힌다는 의미다. 새도 태어나자마자 잘 날 수 있는 것은 아니다. 수없이 많은 삭비를 반복한다. 독수리는 높은 벼랑 위에서 새끼를 떨어뜨린다고 하지 않던가. 높이 나는 새가 연습하는 장면은 또 다르구나 싶다. 원래 학습(學習)에서의 습(習)은 날개(羽)와 일백(百)의 조합어이니 학습은 곧 헤아릴 수 없는 날갯짓을 의미한다. 삭비가 지닌 귀한 뜻을 학교에서 활용하는 사례가 늘어나고 있다. 경남 산청 단계초 등학교 교문의 이름은 삭비문(數飛門)이고, 경남 남해 삼동초등학교 도서관의 이름은 삭비관(數飛館)이다. 교육청이나 교육기관장의 특별한 교육철학을 읽을 수 있다. 교문이나 도서관이라는 틀에 박힌 이름에 비해 삭비문, 삭비관이란 이름 자체만으로도 어린 아이들에 게 '나도 열심히 날갯짓을 해보자'라는 긍정적 동기를 줄 것이라는 기대를 하게 된다. 아이들이 그들의 꿈을 좇아 더 높이 더 멀리 날 기 위해 날갯짓을 하는 모습에서 밝고 희망에 부푼 미래를 보게 된 다. 학교의 부속 건물에 이름 하나를 붙이는 데도 무형식의 교육적 상호작용을 고민하는 교육자의 노력이야말로 진정한 교육 리더십 의 시작이라고 말하면 지나친 확대해석일까?

삭비와 관련하여 퇴계 이황 선생의 시습재(時習齋)를 음미해보자. 시습(時習)은 논어의 학이시습지 불역열호(學而時習之 不亦說乎)에 서 인용되었다. '동방의 주자(朱子)'로 추앙받는 퇴계 선생이 어떤 생각과 마음으로 학문의 날갯짓을 하였는가를 알 수 있을 것이다.[21]

> 새끼 새 날갯짓 익히듯 날마다 명과 성에 힘써서
> 시시때때로 거듭 생각하고 실천해야지
> 깊은 희열 얻는 건 정성들여 공부하는 데 달렸으니

---

21 이황. (1598). 퇴계집, 이광호 역(2019). 퇴계의 사람공부. 서울: 갑우문화사. p. 39.

## 어찌 맛난 요리가 입에 즐거운 정도일까

　　지식권위에 적합한 인물로 공자만한 성현도 없을 것이다. 21세기에 웬 공자냐고 이야기 할 수도 있겠지만, 공자만큼 배움을 즐겨하고 후학을 양성한 교육자요, 사상가는 찾아보기 어렵다. 지식권위의 모델이요, 위대한 평생학습자의 전범이다. 공자는 충과 효에 있어서는 최고라고 장담하지 못하지만, 배우기를 즐기는 호학(好學)에 있어서만은 자신만한 사람이 없을 것이라는 자부심을 가졌다. 공자는 그에게 배우기 위해 찾아온 수천 제자들의 질문에 답하기 위해서라도 끊임없이 배움을 멈추지 않았을 것이다. 어떤 분야를 즐기면서 연찬하는 사람이 거인이 되는 것은 시간문제다. 만약 공자에게 지식권위가 없었다면 수많은 제자들과 후학들이 따르지도 않았을 것이고 인류의 사표로 이름을 올리지도 못했을 것이다.

　　교육자에게 요구되는 많은 덕목이 있다. 무엇보다 지식과 기술을 가르치는 자로서 전문성과 학습자와의 인격적인 만남으로 상호작용을 하고 그들의 덕성을 함양시키는 인간성을 요구한다. 교육자의 전문성과 인간성은 시대 변화와는 무관하게 필요한 덕목에 해당한다. 필자는 사회의 변화에 따라 교육자가 직면한 가장 큰 도전은 지식권위라고 생각한다. 교육자의 인간성에 대해서는 더 이상 거론하는 것이 이상할지 모른다. 지극히 당연한 상식에 속하기 때문이다. 지식기반사회에 지식권위는 교육자에게 디폴트 값이다. 교육이 유비쿼터스적으로 일어나는 환경에서 교육자의 지식 역시 검증의 대상이다. 학습자들은 학원이나 온라인으로 배운 지식을 학교에서 반복적으로 배우면서 누가 더 잘 가르치는가를 비교, 평가한다.

교육자에게 지식기반사회와 평생학습사회는 도전이면서 기회다. 지식기반사회와 평생학습사회에서 교육자는 지식을 단순히 전달하고 평가하는 과거의 교육체제와 방식에서 벗어날 수 있는 기회다. 지식은 컴퓨터 클라우딩에 집적되어 있다. 이제는 교육 패러다임과 방식에 변화를 가져와야 한다. 교육자는 지식 전달자에서 학습자의 멘토, 퍼실리테이터, 코치, 촉진자, 카운슬러로서 자리매김되어야 한다. 교육자는 학습자에게 학습하는 방법을 안내하고, 그들의 잠재성을 최대한 발현할 수 있도록 도와주는 멘토와 촉진자 역할을 하고, 그들의 미래 삶을 설계하는 데 필요한 카운슬러 역할을 수행할 수 있는 역량을 갖추어야 한다. 이것이 필자가 의미하는 교육자의 지식권위다.

솔선수범하여 사랑과 봉사를 실천한다.

> 배우는 것의 89%는 보고 배우며, 10%는 듣고 배우며, 그리고 나머지
> 1%가 다른 감각으로 느끼고 배운다.
> -스탠퍼드대 연구결과-

> 열정 없이 이루어진 업적은 이 세상에 없다.
> -랄프 왈도 에머슨-

레흐 톨스토이는 "사랑이 있는 곳에 신이 있으며, 사람 내면에는 사랑이 들어 있다"라고 하였다. 톨스토이의 말대로라면 교육자는 사람이 태어날 때부터 지니고 있는 사랑과 봉사의 마음을 실천하는 것이다. 블레인 리의 원칙 중심의 리더십도 결국 리더가 사랑과 희생으로 부하들을 위해 봉사하면 존경과 명예를 얻을 수 있다는 것이 핵심이다.

스탠퍼드대의 연구에 따르면, "사람들은 배우는 것의 89%는 보고 배우며, 10%는 듣고 배우며, 나머지 1%는 다른 감각으로 느끼고 배운다"라고 한다.[22] 우리말에도 "아이들은 어른 등을 보고 배운다"라는 속담이 있듯이, 교육자의 실천하는 행동과 지성은 학습

---

22 강준민 역. 앞의 책. p. 246.

자들에게 긍정적인 동기로 작용할 것이다.

간디도 권력과 봉사의 조화에 대해 고민했다. 그는 권력이란 개인에게 주어진 것이 아니라 다른 사람이 부여한 것이기 때문에 신탁한 사람들을 위해 사용되어야 한다는 신념을 실천에 옮겼다. 실제 간디의 권력은 봉사에서 유래하였고 봉사를 위해서만 사용되었다.[23] 캘커타에서 마더 테레사 수녀가 빈민들을 위해 실천하였던 사랑과 봉사의 활동을 보면, "사랑이 있는 곳에 신이 있다"는 말이 결코 빈말이 아님을 알 것이다. 타인을 위해 진심으로 사랑하고 봉사하면 더 큰 사랑과 존경을 받는다. 그것은 마태복음 7장 12절 "무엇이든지 남에게 대접받고자 하는 대로 너희도 남을 대접하라"라는 구절을 인용하지 않더라도 원칙 중심의 리더십이 만들어 낸 긍정적인 부메랑 효과이다. 한 사람의 교육자가 실천한 사랑과 봉사가 어떤 기적을 만들어내는지 다음의 예화는 확인시켜준다.

어느 사회학과 교수가 자신의 강의를 듣는 학습자들에게 과제물을 내주었다. 그것은 볼티모어의 유명한 빈민가로 가서 그곳에 사는 청소년 2백 명의 생활환경을 조사하는 일이었다. 조사를 마친 뒤 학습자들은 그 청소년들 각자의 미래에 대한 평가서를 써냈다. 평가서의 내용은 모두 동일했다. "이 아이에겐 전혀 미래가 없다. 아무런 기회도 주어지지 않기 때문이다."

그로부터 25년이 지난 뒤 또 다른 사회학과 교수가 우연히 이 연구 조사를 접하게 되었다. 그는 대학생들에게 그 2백 명의 청

23 Nair, K. (1994). *Gandi leadership*. 김진욱 역(2000). 간디 리더십. 서울: 씨앗을 뿌리는 사람. pp. 135-137.

소년들이 25년이 지난 현재 어떤 삶을 살고 있는지 추적 조사하라는 과제를 내었다. 조사 결과 놀라운 사실이 밝혀졌다. 사망을 하거나 다른 지역으로 이사를 간 20명을 제외하고 나머지 180명 중에서 176명이 성공적인 인생을 살아가고 있었다. 그들의 직업도 변호사와 의사와 사업가 등 상류층이 많았다.

교수는 놀라서 그 조사를 더 진행시켰다. 다행히 그들 모두가 그 지역에 살고 있었고, 교수는 그들을 한 사람씩 만나 직접 물어 볼 수 있었다. "당신이 성공할 수 있었던 가장 큰 이유가 무엇입니까?" 대답은 모두 한결같았다. "여선생님 한 분이 계셨지요." 그 여교사가 아직도 생존해 있다는 사실이 알려졌다. 교수는 수소문 끝에 그 여교사를 찾아가서 물었다. 도대체 어떤 기적적인 교육방법으로 빈민가의 청소년들을 이처럼 성공적인 인생으로 이끌었는가?

늙었지만 아직도 빛나는 눈을 간직한 그 여교사는 작은 미소를 지었다. 그러고는 이렇게 말하는 것이었다. "그것은 정말 간단한 일이었지요. 난 그 아이들을 사랑했답니다."[24]

리더십의 시작이 사랑이라면 그 결정체는 지속적인 영향력이다. 링컨의 부하에 대한 세심한 배려, 설리반의 헬렌 켈러에 대한 지도, 테레사 수녀와 간디의 인류애 실천 등은 시간의 흐름과는 관계없이 사람들의 존경과 사랑을 받으며 오늘날도 정신적인 영향력을 행사하고 있다. 위대한 지도자들의 가슴에는 사랑의 기운이 가

24 Canfield, J., & Hansen, M. V. (1993). *Chicken soup for the soul.* 류시화 역 (1999). 서울: 푸른 숲. pp. 15-18.

득했다. 그들이 베푸는 사랑의 행위는 곧 봉사와 희생이라는 숭고한 정신으로 승화되었다. 사람들이 열망하는 권위, 권력, 영향력은 그 다음의 문제였다. 사랑은 봉사와 희생을 거쳐 영향력이란 영원한 유산으로 되돌아온다.

영화, 드라마, 연극 등 실화든 상상력이든 기적(miracle)을 주제로 하는 모든 작품의 대주제는 사랑이다. 그 사랑의 주체가 가족이거나 부모이거나 연인이거나 친구 또는 교육자로 설정될 뿐이다. 교육자가 학습자에게 남긴 영원한 유산은 사랑의 결정체에 다름 아니다. 그래서 사랑은 우주를 운행하는 가장 근본적인 원리라고 하지 않던가.

이제 리더십의 정의는 자명해졌다. '리더십은 권력과 권위를 뛰어넘는 그 무엇이다.' 교육자가 한 개인에게 남길 영원한 유산을 창조하기 위해 어떤 리더십을 선택해야 하고 또 어떻게 해야 하는지에 대해서도 안다. 권위, 권력, 영향력에 대해서도 명확하게 구분할 수 있다. 리더와 관리자의 차이 그리고 카리스마와 리더십과의 관계에 대해서도 안다. 어떻게 하면 권위를 가질 수 있으며, 어떻게 하면 영향력을 발휘할 수 있는지에 대해서도 안다. 어떤 리더십을 선택할 것인가에 대해서도 망설임이 없다.

문제는 앎을 실천하는 것이다. 그래서 성현들도 지행합일이나 언행일치를 중요시 여겼다. 실천에 이르게 하는 참 의지(true will)는 의도(intention)와 행동(action)이 함께 하는 것이다. 필자가 생각해 낸 참 의지 공식은 [참 의지 = 의도 + 행동]이다. 의도는 있는데 행동이 따르지 않으면 공염불이고 허언에 불과하다.

흡연자들은 담배의 해악을 잘 알면서도 끊지 못한다. 매년 1월에서부터 3월까지는 담배 매출액이 뚝 떨어진다고 한다. 금연을 다짐한 사람들이 자신이나 다른 사람에게 한 약속을 지키기 때문에 생긴 현상이다. 그러나 담배회사는 크게 걱정하지 않는다. 4월부터는 매출이 정상으로 다시 돌아오기 때문이다. 사람들이 담배를 끊겠다는 의도만 있었지 금연을 행동으로 옮기지 못한 탓이다.

조직마다 리더로 불리는 사람이 있기 마련이다. 그러나 리더라고 해서 모두 다 참 리더는 아니다. 교육자만큼 리더십, 곧 영향력을 행사할 기회가 많고 또 그런 기회를 자주 접하는 사람도 드물다. 영향력을 행사할 기회가 많다는 것처럼 행복한 삶이 있을까? 교육자는 시간이 지나 경력이 쌓이고 리더의 위치에 올라가는 직책에 따른 리더, 형식적인 리더가 아닌 진정한 의미의 리더십을 추구해야 한다. 리더의 역할을 아무리 강조해도 부족한 시대에 교육자는 사랑과 봉사, 그리고 존경과 명예에 기초한 원칙 중심의 리더십을 키우기 위해 노력해야 한다. 영원한 유산의 창조를 위해……

주변에 사랑과 봉사를 솔선수범하면서 원칙중심의 리더십을 실천하는 분들이 많다. 고인이 되신 고려대 김정환 명예교수님은 필자가 가슴에 품고 있는 스승이시다. 평생 잊지 못할 감동으로 남아 있는 일이 있다. 2004년 이 책의 초판인 《교사의 리더십》이 출간되었을 때 교수님에게 책을 보내드렸다. 저서와 같은 연구 성과물을 드리고 받는 것은 사제 간에 흔히 있을 수 있는 일일 것이다. 교수님은 원고지 15매 분량의 서평을 보내주셨다. 원고지에 직접 수기로 작성한 서평이었다. 제자의 처녀작이자 허점투성이의 졸저에 대해 오래전 정년퇴임하신 은사님이 보내주신 서평을 받아 읽고 울었다.

스승의 진정어린 사랑에 펑펑 울었다. 감동과 감격의 눈물이었다. 평생 잊을 수 없는 사건이었다. 가끔 스승님이 그리울 때는 그 원고지를 읽곤 한다. 스승의 서평은 필자에게 영원한 유산이다. 서평 중 마지막 단락을 그대로 소개하면서 이 책의 마침표를 찍는다.

"독후감을 이렇게 쓰고 있는 나는 교육철학 전공이고 교육법 분야 연구로 학위를 받은 저자는 교육행정학 전공이다. 어떻게 보면 꽤 인식과 시각에 차가 있을 것 같은 우리 둘을 이렇게 묶어주고 있는 끈은 그 어려웠던 시절, 어려웠던 대학 안암골에서 사제의 관계를 떠나 민족의 아픔, 시대의 고뇌를 같이 나눈 것 외에도 교육과 교직에 대한 꿈을 서로 잊지 않고 있는 데에 있는 것인가. 정년퇴직하고도 거의 10년이 지난 지금에도 옛 제자들의 책이나 목소리를 대하면 새삼 가슴이 뭉클해지고, 교사 아니 '훈장'으로서의 나의 삶이 정말 보람있었구나 하는 안도감이 앞선다. 끝으로 역작을 낸 저자에게 축하의 말씀을 전하고, 아울러 진정한 교육으로 인격 혁명을 이루자고 외쳤던 도산 안창호의 교육입국론으로 다시 무장하고 아름다운 꿈을 잊지 말자고 교육동지 여러분과 다시 다짐하려는 마음 간절하다."

# 📖 참고문헌

교육부. (2019). 2019년 교육기본통계.

교육부. (2020). 2019년 국내 고등교육기관 외국인 유학생 통계.

교육부. (2020). 2019년 국외 고등교육기관 한국인 유학생 통계.

교육부. (2020). 한국성인의 평생학습실태.

김성근. (2015). 리더는 사람을 버리지 않는다. 고양: 이외우.

김중진 외. (2020). 한국직업사전(통합본 제5판). 서울: 한국고용정보원.

김진배. (1999). 웃기는 리더가 성공을 한다. 서울: 뜨인돌.

김한별. (2019). 평생교육론(3판). 서울: 학지사.

김호진. (1996). 한국정치체제론(전정 6판). 서울: 박영사.

박희병. (2006). 연암을 읽는다. 서울: 돌베개.

배철현. (2016). 심연. 파주: 21세기북스.

서용교. (2003). 하버드 리더십 노트. 서울: 원앤원 북스.

소수만. (2006). 어니스트 헤밍웨이: 그의 인생과 작품세계. 서울: 동인.

안철수. (2004). CEO 안철수, 영혼이 있는 승부. 서울: 김영사.

여유진. (2008). 한국에서의 교육을 통한 사회이동 경향에 대한 연구. 보건
사회연구, 28(2).

왕기항. (1997). 교육조직론. 서울: 집문당.

윤정일 외. (2001). 교육행정학개론. 서울: 학지사.

이민규. (2014). 네 꿈과 행복은 10대에 결정된다. 서울: 더난출판.

이진영. (2016). 교육의 계층이동 사다리 역할에 대한 분석 및 시사점. 서울: 한국경제연구원.

이황. (1598). 퇴계집. 이광호 역(2019). 퇴계의 사람공부. 서울: 갑우문화사

정성희. (2000). 인물로 읽는 고려사. 서울: 청아출판사.

정주영. (1992). 나의 삶 나의 이상: 시련은 있어도 실패는 없다. 서울: 현대문화신문사.

조말수. (1999). 21세기 지도자. 서울: 한국경제신문사.

조벽. (2002). 조벽 교수의 명강의 노하우 & 노와이. 서울: 해냄.

최연구. (2013). 문화콘텐츠란 무엇인가. 파주: 살림.

KBS 명견만리 제작팀. (2016). 명견만리 − 미래 기회 편. 서울: 인플루엔셜.

하태욱, 이종태, 이병곤, 곽현주. (2018). 비인가 대안학교 학생 인권상황 실태조사 연구. 서울: 국가인권위원회.

한국교육개발원. (2002). 교육개발 9월, 10월호.

한국교육개발원. (2004). 교육개발 1월, 2월호.

한숭희. (2004). 교육체제의 재구조화, 평생교육이 해법이다. 2004년 제2차 평생교육포럼 자료집 (pp. 19 − 35). 서울: 한국교육개발원 평생교육센터.

한숭희. (2004). 평생교육론. 서울 : 학지사.

홍사중. (1998). 리더와 보스. 서울: 사계절.


洪自誠. (미상). 菜根譚. 최현 역(2013). 채근담. 파주: 범우사.


Axelrod, A. (2003). *Nothing to fear*. 나선숙 역(2004). 두려움은 없다 : 불굴의 CEO 루즈벨트. 서울: 한스 미디어.

Berardi, A. J. (2001). *Never offer your comb to a bald man.* 이덕열 역 (2004). 서번트 리더의 조건. 서울: 시아출판사.

Blanchard, K., et al. (1985). *Leadership and the one minute manager.* New York, NY: William Morrow and Company, INC..

Blanchard, K., et al. (2002). *Whale done.* 조천제 역(2004). 칭찬은 고래도 춤추게 한다. 서울: 21세기북스.

Blanchard, K., & Bowls, S. (2003). *Gung ho.* 조천제 외 역(2004), 겅호. 서울: 21세기북스.

Blanchard, K., & Hodges, P. (2003). *The servant leader.* 조천제, 이강봉 역(2004). 섬기는 리더 예수. 서울: 21세기북스.

Bregman, R. (2019). *Humankind.* 조현욱 역b(2021). 휴먼카인드. 서울: 인플루엔셜.

Cairncross, F. (1997). *The death of distance.* 홍석기 역(1999). 거리의 소멸. 서울: 세종서적.

Canfield, J., & Hansen, M. V. (1993). *Chicken soup for the soul.* 류시화 역(1999). 서울: 푸른 숲.

Carroll, S. B. (2016). *The Serengeti rules.* 조은영 역(2019). 세렝게티 법칙. 서울: 곰출판.

Cohen, H. (1980). *You can negotiate anything.* 강문희 역(2002). 협상의 법칙. 서울: 청년정신.

Cohen, W. A. (2000). *The new art of the leader.* 홍윤주 역(2002). 최강의 리더십. 서울: 청림출판.

Collins, J. C., & Lazier, W. C. (1992). *Beyond enterpreneurship.* 임정재 역(2006). 짐 콜린스의 경영전략. 서울: 위즈덤 하우스.

Collins, J. C. (2001). *Good to great: Why some companies make the leap and others don't.* 이무열 역(2004). 좋은 기업을 넘어 위대한 기업으로. 서울: 김영사.

Covey, S. R. (1989). *Principle-centered leadership.* 김경섭 외 역(2001). 원칙 중심의 리더십. 서울: 김영사.

Covey, S. R. (1989). *The 7 habits of highly effective people.* 김경섭 외 역(1995). 성공하는 사람들의 7가지 습관. 서울: 김영사.

Daft, R. L., & Lengel, R. H. (2000). *Fusion leadership.* 백기복 역(2004). 퓨전 리더십. 서울: 한언.

Dawson, R. (1988). *Secrets of power persuasion.* 박정숙 역(2003). 설득의 법칙. 서울: 비즈니스북스.

Drucker, P. F. (1995). *Managing in a time of great change.* 이재규 역a(1996). 미래의 결단. 서울: 한국경제신문.

Drucker, P. F. (2001). *The essential Drucker*(Vols. Ⅰ - Ⅲ). 이재규 역b(2001). 프로페셔널의 조건. 서울: 청림출판.

Drucker, P. F. (2002). *Managing in the next society,* 이재규 역c(2002). 넥스트 소사이어티. 서울: 한국경제신문.

Drucker, P. F. (1969). *The age of discontinuity.* 이재규 역d(2003). 단절의 시대. 서울: 한국경제신문.

Drucker, P. F. (2001). *The essential Drucker.* 이재규 역e(2003). 미래경영. 서울: 청림출판.

Duderstadt, J. J. (2000). *A university for the 21st century.* 이규태, 양인, 이철우 역(2004). 대학혁명. 서울: 성균관대 출판부

Fischer, L. (1950). *Gandhi: His life and message for the world.* 조영진

역(1989). 간디. 서울: 두풍.

Fischer, L., et al. (1999). *Teachers and the law.* New York, NY: Addison Wesley Longman, Inc.,

Frankl, V. E. (1946). *Man's search for meaning.* 이희재 역(2003). 삶의 의미를 찾아서. 서울: 아이서브.

Fred C., Lunenburg, F. C., & Ornstein, C. (1991). *Educational administration.* Belmont, CA: Wadsworth Publishing Company.

Golinkoff, R. M., & Hirsh‒Pasek, K. (2016). *Becoming brilliant.* 김선아 역(2018). 최고의 교육. 서울: 예문아카이브.

Greenleaf. R. K. (1977). *Servant leadership.* 강주헌 역(2001). 리더는 머슴이다. 서울: 참솔.

Harari, Y. N. (2011). *Sapiens.* 조현욱 역a(2016). 사피엔스. 파주: 김영사.

Harman, C. (1988). *The fire last time: 1968 and after.* 이수현 역(2004). 세계를 뒤흔든 1968. 서울: 책갈피.

Harry, M., et al. (2000). *Six sigma.* 안영진 역(2004). 6시그마 기업혁명. 서울: 김영사.

Hoy, W. K., & Miskel, C. G. (2001). *Educational administration*(6th. ed.). New York, NY: McGraw‒Hiu.

Hunter, J. C. (1998). *The servant.* 김광수 역(2000). 리더십 키워드. 서울: 시대의 창.

Iyengar, S. (2010). *The art of choosing.* 오혜경 역(2012). 선택의 심리학. 파주: 21세기북스.

Johnson, S. (1998). *Who moved my cheese?.* 이영진 역(2001). 누가 내 치즈를 옮겼을까?. 서울: 진명출판사.

Kotter, J. P. (1996). *Leading change.* 한정곤 역(2004). 기업이 원하는 변화의 리더. 서울: 김영사.

Kouzes, J. M., et al. (2002). *The leadership challenge.* San Francisco, CA: Jossey – Bass.

Lee, B. (1998). *The power principle.* 장성민 역(1999). 지도력의 원칙. 서울: 김영사.

Maxwell, J. C., & Dornan, J. (1997). *Becoming a person of influence.* 정성묵 역(2003). 영향력. 서울: 낮은 울타리

Maxwell, J. C. (1993) *Developing the leader within you.* 강준민 역(2004). 리더십의 법칙. 서울: 비전과 리더십.

McGregor, D. (1960). *The human side of enterprise.* New York, NY: McGraw – Hill.

Merton, R. K., et al. (1952). *Reader in bureaucracy.* New York, NY: The Free Press.

Milgram, S. (1974). *Obedience to authority.* 정태연 역(2009). 권위에 대한 복종. 서울: 에코.

Mintzberg, H., et al. (1992). *Leadership.* 현대경제연구원 역(1998). 리더십. 서울: 21세기북스.

Morrish, I. (1976). *Aspects of educational change.* London, UK: George Allen & Unwin Ltd.

Naisbitt, J. (1984). *Megatrends: Ten new directions transforming our lives.* New York. NY: Warner Books.

Nanami, Shiono. (1994). *Roman story 3.* 김석희 역(2012). 로마인 이야기. 서울: 한길사.

Nair, K. (1994). *Gandi leadership*. 김진욱 역(2000). 간디 리더십. 서울: 씨앗을 뿌리는 사람.

Negroponte, N. (1995). *Being digital*. 백욱인 역(2000). 디지털이다. 서울: 커뮤니케이션북스.

Nisbett, R. E. (2004). *The geography of thought*. 최인철 역(2004). 생각의 지도. 서울: 김영사.

O'Reilly, C., & Pfeffer, J. (1999). *Hidden value*. 김병두 역(2004). 숨겨진 힘. 서울: 김영사

Price, B., & Ritcheske, G. (2001). *True leaders*. 김영우 편역(2003). 트루 리더스. 서울: 중앙경제평론

Puett, M., & Gross–Loh, C. (2016). *The path: Unlocking the timeless code to a good life*. 이창신 역(2016). 세상을 바라보는 혁신적 생각. 파주: 김영사.

Rogers, E. M. (1983). *Diffusion of innovations* (3rd. ed.). New York, NY: The Free Press.

Roy, L. (2002). *Gandhi*. 백선희 역(2003). 간디. 서울: 동아일보사.

Sato, C. (2014). Sekai no eri–to sippairyoku. 김정환 역(2014). 세계 최고의 인재들은 실패에서 무엇을 배울까. 파주: 21세기북스.

Sinek, S. (2014). *Leaders eat last*. 이지연 역(2014). 리더는 마지막에 먹는다. 서울: 내 인생의 책.

Tilly, C. (1978). *From mobilization to revolution*. 진덕규 역(1995). 동원에서 혁명으로. 서울: 학문과 사상사.

Toffler, A. (1991). *Power Shift*. 이규행 감역(1991). 권력이동. 서울: 한국경제신문사.

Toffler, A. (1970). *Future Shock.* 이규행 감역(2001), 미래쇼크. 서울 : 한 국경제신문사

Toffler, A. (2006). *Revolutionary wealth.* 김중웅 역(2006). 부의 미래. 서 울: 청림출판.

Wight. J. B. (2001). *Saving Adam Smith.* 이경식 역(2017). 애담 스미스 구하기. 서울: 북스토리.

Zinn, H. (1980). *A people's history of the United States.* 조선혜 역 (1986). 미국민중저항사 II. 서울: 일월서각.


교육부. (2019). 2019년 대안학교 및 대안교육 특성화학교 현황. https://www.moe.go.kr/에서 2021년 1월 5일 인출.

교육부. (2020). 대한민국 교육경쟁력 순위. http://www.index.go.kr/에서 2020년 1월 7일 인출.

금원섭, 이기문. (2020년 7월 10일). 코로나 시대, 모든 것이 잘못될 수 있 다 … 건설적 편집중 가져야. *조선일보,* https://www.chosun.com/site/data/html_dir/2020/07/10/20200710000 13.html에서 2021년 1월 8일 인출.

김태준, 문재용. (2019년 5월 7일). 싱가포르, 전 국민에 '교육쿠폰' … 평 생교육을 서비스산업으로. *매일경제,* https://www.mk.co.kr에서 2021 년 1월 7일 인출.

남종영. (2020년 6월 30일). 코끼리의 잔혹한 성년식, '파잔'을 아십니까?. *한겨레,* http://www.hani.co.kr/arti/animalpeople/wild_animal/951617. html#csidx484494bed106374ac17 9e38e235bd64 에서 2021년 3월 30 일 인출.

박영철. (2011년 3월 14일). 기업의 성장 CEO 브랜딩에 달렸다 호감도 10% 올라가면 주식은 24% 상승. 주간조선.

박주희, 이성택, 이혜인. (2020년 8월 19일). 경고등 켜진 외국인·국제학교: 인가 받지 않은 국제학교 전국에 300여 개. *한국일보*, https://www.hankookilbo.com에서 2021년 1월 4일 인출.

백영옥. (2021년 3월 27일). 헤밍웨이와 정주영의 시간. *조선일보*, https://www.chosun.com/opinion/specialist_column/2021/03/27/I22N A7ISXJADHPZM5WLEDNA4ZE/에서 2021년 3월 31일 인출.

심주형. (2004년 6월 10일). 평생교육 확대되면 GNP도 증가. *한국교육신문*, http://www.hangyo.com/에서 2021년 1월 9일 인출.

정하늘. (2019년 9월 20일). 무크 MOOC의 세계 ⋯ 어디서든 원하는 대학 강의 듣고 학점 인정받는다. *에듀인뉴스*, https://www.eduinnews.co.kr 에서 2021년 1월 6일 인출.

조계완. (2021년 3월 7일). 세계 점유율 1위 수출 제품 한국 69개 '11위'⋯ 역대 최고. *한겨레*, http://www.hani.co.kr/arti/economy/marketing/985710.html#csidx8a2 cb8431d4a127989694bd55021977에서 2021년 3월 10일 인출.

행정안전부. (2020). 지방재정 365. https://lofin.mois.go.kr/에서 2021년 1월 5일 인출.

# 📖 찾아보기(인명)

## 📖 찾아보기(사항)

부 록

## 1. 블레인 리(Blain Lee)의 지도력 지수[25]

**점수표**

| 능력 | 내력 |
|---|---|
| 9-최고수준<br>7-높은 수준<br>5-보통 수준<br>3-낮은 수준<br>1-능력 없음 | 9-항상 그렇다<br>7-대개 그렇다<br>5-자주 그렇다<br>3-가끔 그렇다<br>1-그런 일 없다 |

- <능력>은 아라비아 숫자 a 부분
- <내력>은 아라비아 숫자 b 부분
- 능력 : 중요한 일을 수행할 수 있는 능력을 보유하고 있는가?
- 내력 : 존경받을 만했는가?

        가지고 있는 능력으로 무엇을 행하였는가?

        그리고 어떻게 하였는가?

---

25 장성민 역. 앞의 책. pp. 276−279.

| 능력 | 내력 | 자기 평가 |
|---|---|---|
| | | 1a. 다른 사람을 설득할 능력<br>1b. 다른 사람들을 얼마나 자주 설득하는가? 최근에 그런 일이 있는가? |
| | | 2a. 다른 사람에게 인내심을 발휘할 능력<br>2b. 영향력을 미치려 할 때 그 사람에게 얼마나 자주 인내심을 발휘하는가?<br>항상 진심으로 인내심을 발휘했는가? |
| | | 3a. 다른 사람을 신사적으로 대하고 가르침을 받을 수 있는 능력<br>3b. 다른 사람을 신사적으로 대하며 가르침을 받을 자세가 되어 있는가? |
| | | 4a. 다른 사람을 평가하지 않고 받아들일 수 있는 능력<br>4b. 다른 사람을 수용한다는 표시를 얼마나 자주 하는가? |
| | | 5a. 다른 사람에게 친절하고 관심을 갖는 능력<br>5b. 다른 사람에게 얼마나 자주 친절한 태도를 가지며 관심을 가져 주는가? |
| | | 6a. 다른 사람과 그가 가진 잠재력을 이해하는 능력<br>6b. 사람 자체와 그가 가진 잠재력을 얼마나 자주 이해하려 하는가? |
| | | 7a. 다른 사람의 실수를 감싸는 능력<br>7b. 다른 사람의 실수에 대해 얼마나 자주 감싸려 하고 긍정적으로 생각하는가? |
| | | 8a. 상황이나 목표, 기분에 관계없이 항상 같은 태도를 보이는 능력<br>8b. 다른 사람과 생활하면서 얼마나 일관된 태도를 보이는가? |
| | | 9a. 다른 사람과 생활하며 말과 행동, 기분과 생각을 일치시키는, 다른 사람에게 성실한 능력<br>9b. 얼마나 자주 말과 행동, 기분과 생각을 일치시키는가?<br>또 그러한 성실성이 마음에서 우러나오는 경우는 얼마나 자주인가? |

## 지도력 지수

| 상 70+ | 중 55-69 | 하 54 이하 |
|--------|----------|-----------|

| 결과 | | 해설 |
|------|------|------|
| 능력 | 내력 | |
| 상 | 상 | 조화가 잘 이루어져 있다. 조금 더 정진하면 좋은 결과를 얻을 수 있을 것이다. |
| 상 | 중 | 좋은 능력을 가지고 있다. 문제가 되는 점을 분석해 보자. |
| 상 | 하 | 좋은 능력을 가지고 있다. 문제는 동기의식이다. 인간관계에 있어서 충분한 투자를 하고 있다고 생각하는가? |
| 중 | 상 | 드문 경우. 열심히 노력은 하지만 뛰어난 능력을 가지고 있지 않다. |
| 중 | 중 | 조화가 잘 이루어져 있다. 할 수 있는 일을 하도록 하라. |
| 중 | 하 | 조화롭지 못하다. 자신의 욕망이나 관심을 정리해보자. 이러한 인간관계를 개선해야겠다는 생각이 얼마나 절실한가? |
| 하 | 상 | 드문 경우. 너무 열심히 하는 것은 아닌지? 능력을 키워 좀 더 쉽게 할 수 있도록 하자. |
| 하 | 중 | 드문 경우. 인간관계에 신경 좀 쓰자. 정진하면 능력도 커질 수 있다. |
| 하 | 하 | 개인적으로, 전문적으로 특별한 노력이 필요하다. 능력에 맞게 행동하고 있지만, 개선의 여지가 많다. 나아지는 일만 남았다. |

## 2. 댄 우드워드(Dan Woodward)의 리더십 평가[26]

(O : 언제나 그렇다. M : 거의 그렇다. B : 관심을 가지고 있다.)

| 1. 강한 개인적 신념을 가진다(strong personal convictions). | 평가 |
| --- | --- |
| • 행동과 태도의 일관성이 있어 다른 사람의 존경을 받는다.<br>• 언제나 열중하며 약속을 지킨다.<br>• 좋은 본보기를 세움으로써 리드한다.<br>• 어떤 상황에서든지 정직의 가치를 실천한다.<br>• 회사의 가치관을 열심히 실천한다.<br>• 직장 내의 공정함에 대해 중요하게 생각한다.<br>• 개인적 가치관에 신념을 가지고 리더십을 몸소 실천하여 타의 모범이 된다. | |

| 2. 비전이 있다(visionary). | 평가 |
| --- | --- |
| • 복잡한 문제를 해결하기 위해 혁신적인 생각을 한다.<br>• 비즈니스와 인간관계 사이에서 적절한 균형을 유지한다.<br>• 회사에 도움이 되는 정보를 지속적으로 탐색하고 공부한다.<br>• 생산적인 토론과 토의를 장려한다.<br>• 지속적으로 발전적인 혁신을 이끌어 현재 상태를 역동적이고 건설적으로 변화하려 노력한다.<br>• 회사의 사업 영역을 확장하는 데 유망한 기회를 탐색한다.<br>• 지적이며 비전에 가득 찬 리더십을 몸소 실천하여 모범이 된다. | |

| 3. 감정적 연결이 있다(emotional bond). | 평가 |
| --- | --- |
| • 인간관계에 성실하고 인내심이 있다.<br>• 다른 사람과 의견 및 관점에 대해 즐겨 토론한다.<br>• 개인의 인간적 성숙에 대해 독자적인 의견이 있다.<br>• 긍정적이고 진취적인 전망과 태도를 가지고 있다.<br>• 개인적 성공을 앞세워 상황을 조작하지 않는다.<br>• 상호 존중에 바탕을 둔 인간관계를 쌓는다.<br>• 감정적 성숙을 통한 좋은 인간관계에 모범이 된다. | |

---

26 김영우 역, 앞의 책. pp. 320−327.

| 4. 고무적이다(inspirational). | 평가 |
|---|---|
| ▪ 사람들이 최선의 능력을 발휘하도록 고무한다.<br>▪ 조직에 긍정적인 흥분이 형성되게 하는 능력이 있다.<br>▪ 건설적인 피드백에 바탕을 두고 행동한다.<br>▪ 사람들이 자신의 일에 최선을 다하도록 고무한다.<br>▪ 기존보다 향상된 업무 수행에 대해 칭찬 또는 보상을 충분히 한다.<br>▪ 다른 사람에게 동기부여를 위해 적절한 의사소통기술을 사용한다.<br>▪ 고무적인 리더의 이상적 모델로서 모범이 된다. | |

| 5. 팀 지향적이다(team oriented). | 평가 |
|---|---|
| ▪ 팀의 노력에 따라 얻어진 성공을 공개적으로 보상한다.<br>▪ 다양한 기술과 스타일을 가진 팀들이 힘을 합쳐 최상의 성과를 얻도록 돕는다.<br>▪ 권한을 위임하는 것과 지키는 것 사이의 적절한 균형을 유지한다.<br>▪ 그룹 사이의 생산적 협동을 장려한다.<br>▪ 팀 멤버 사이에서 상호 존중의 감정을 장려하도록 노력한다.<br>▪ 팀의 다양성을 매우 중요시한다.<br>▪ 훌륭한 리더십 기술을 통한 팀워크 장려에 모범이 된다. | |

| 6. 위험을 감수하고 모험을 한다(risk taker). | 평가 |
|---|---|
| ▪ 상황이 어려울 때 용기와 끈기를 가지고 대처한다.<br>▪ 매우 어려운 환경 속에서도 건강한 의사 결정을 내릴 만큼 자신감이 있다.<br>▪ 위험을 감수하다가 발생하는 부정적인 결과를 기꺼이 받아들인다.<br>▪ 정당하지만 인기가 없는 의사결정에 대해 공정하게 지지하는 자신감이 있다.<br>▪ 새로운 발상, 접근 및 방법이 있을 경우 위험을 무릅쓰고 기꺼이 시도한다.<br>▪ 새로운 아이디어를 시도하는 일에 열성적이며 다른 사람들에게도 장려한다.<br>▪ 자신감으로 무장한 채 건설적인 모험을 하는 리더십의 모범이 된다. | |

| 7. 최고를 위해 노력한다(drive to excel). | 평가 |
|---|---|
| ▪ 스트레스가 심한 환경에서도 최선을 다한다.<br>▪ 미래에 발생하는 도전을 기쁘게 받아들인다.<br>▪ 업무 수행에 기준 이상의 능력을 발휘하기 위해 최선을 다한다.<br>▪ 조직 내 정보를 정확하고 빠르게 순환하기 위해 노력한다.<br>▪ 주어진 프로젝트에서 기대 이상의 결과를 얻도록 장려한다.<br>▪ 열정적이면서도 잘 짜인 페이스로 업무에 임한다.<br>▪ 최고를 향한 목적의식이 충만한 리더십의 모범이 된다. | |

**염철현**

고려대에서 학위를 취득하고 현재 고려사이버대학교 교수로 재직하고 있다. 가르치는 자는 '먼저 읽는 자(first reader)'라는 생각으로 다양한 분야의 독서를 하고 이를 자신의 성찰로 연결하면서 글을 쓰고 있다. 주된 학술적 관심 분야는 역사, 문화, 인권, 리더십 등이며 대표작은 <교사의 리더십>, <교육논쟁 20>, <다문화교육개론>, <차별철폐정책의 기원과 발자취> 등이 있다.  hyunkor@cuk.edu

개정판
# 평생학습사회와 교육리더십

| | |
|---|---|
| 초판발행 | 2004년 10월 7일 |
| 개정판발행 | 2021년 5월 10일 |
| 지은이 | 염철현 |
| 펴낸이 | 노 현 |
| 편 집 | 전채린 |
| 표지디자인 | 박현정 |
| 제 작 | 고철민·조영환 |
| 펴낸곳 | ㈜ 피와이메이트 |
| | 서울특별시 금천구 가산디지털2로 53 한라시그마밸리 210호(가산동) |
| | 등록 2014. 2. 12. 제2018-000080호 |
| 전 화 | 02)733-6771 |
| f a x | 02)736-4818 |
| e-mail | pys@pybook.co.kr |
| homepage | www.pybook.co.kr |
| ISBN | 979-11-6519-159-7 93370 |

copyright©염철현, 2021, Printed in Korea

정 가    13,000원

박영스토리는 박영사와 함께하는 브랜드입니다.